실질과세론

박문수
한지희

박영사

서문

우리나라 소득세법과 법인세법에 실질과세 규정이 처음 도입된 때가 1968년이다. 그로부터 지금까지 56년의 세월이 흘렀다. 사람으로 치면 눈앞에 노년을 바라보는 나이에 이르렀지만 우리는 아직도 실질과세에 대한 제대로 된 이해를 갖추지 못하고 있는 것으로 보인다.

실질과세를 모른다면 세법과 조세 이론을 제대로 안다고 말하기가 어렵다. 실질과세는 현실의 납세 현장에서 역동적 적용성이 가장 넓은 주제이며, 실질과세론은 조세법 이론 전반을 아우르는 광범위한 확장성을 가진 이론이기 때문이다.

대학에서 세법과 세무를 가르치기 시작한 때가 80년대 초였다. 그 세월이 결코 길다고 할 수 없지만 아직 거의 모든 대학의 커리큘럼이 이론보다는 실무에 치우쳐 있고, 교육이 자격취득에 초점이 맞춰져 있어 비록 이름을 세무학, 세법학이라고는 하지만 대학은 세액 계산을 위한 기능교육 수준에 머물러 있다고 여겨진다.

세무는 세법과 회계를 기반으로 하는 회계학 또는 행정학 분야에 속하는 실증과목이다. 특히 세법은 정치 사회, 경제적 변화에 극도로 민감한 반응을 보이는 속성을 띠므로 고도성장의 신화를 이룬 우리나라의 세법 개정은 거의 천변만화라고 해도 무방할 정도다. 이러한 세법의 특성은 법문 구성과 체계의 난해성을 불러와 쉽지 않은 세법 이해의 진입장벽을 만들어 놓고 있는데 이러한 사정은 세법과 세무에 대한 이론적 발전을 더디게 하는 구조적 장애가 되고 있다. 실질과세가 조세법 체계에 있어서 가지는 중요성에도 불구하고 그간 아무런 이론적 성숙을 이루지 못한 가장 큰 원인이라고 생각한다. 실질과세를 이해하기 위해 반드시 갖추어야 할 조세법 체계 전반에 대한 통시적 이해, 각 세법의 고유 법리를 꿰는 통찰력을 갖는 일이 그 누구에게든 수월한 일은 아니기 때문이다.

하지만 이 책은 아둔함과 과문을 무릅쓰고 아직 아무도 시도하지 않은 일에 도전하고 있다. 실질과세 이론의 중차대함과 실질과세를 제대로 이해하지 못하고서는 합리적 안정적 납세 문화의 형성이 불가능하다는 절실한 필요성 때문에 현인의 출현을 기대하며 마냥 미룰 수만은 없는 일이라고 생각했다.

이 책을 저술하기 위해 참고한 자료가 없었다. 실질과세론 제목으로 출간된 이전의 도서가 전혀 없을 뿐만 아니라 단편적으로 탐구된 논문들도 도움이 될 만한 것을 만나지 못했다. 이러한 이유로 본 저술은 처음부터 끝까지 세법을 텍스트로 삼았으며, 세법으로 세법을 이해하고 해석하는 방식으로 논의를 전개했다.

서초동 제갈헌 변호사님, 화성의 김봉균 세무사님의 도움이 없었다면 이 책은 세상에 나오지 못했을 것이다. 심심한 감사의 마음을 올린다.

아무도 가지 않은 길을 가는 것은 무모하고도 즐거운 일이다.
첫술에 배부를 수 없다는 말을 위안 삼으며

2024년 11월

역삼동 사무실에서
저자 일동

차례

제1장

세법의 제정과 실질과세

제2장

실질과세 원칙의 변천

제3장

개념의 확립

제4장

실질과세의 적용

제5장

실질과세와 관련한 오해와 편견

제8장
실질과세와 조세법률주의

제1장

세법의 제정과 실질과세

세법의 제정과 실질과세

1 세법의 제정

실질과세를 논의하는 데 있어 실질의 뜻을 의미론적이거나 실재론적 관점으로 이해하려는 시도는 올바른 접근 방법이 되지 못한다. 세법은 문학도 철학도 아닌 국가 재정수입 확보라는 지극히 현실적인 경제 목적 달성을 위해 존재하는 사회적 도구이기 때문이다. 그러므로 세법은 철저하게 경험적 시각으로 바라보아야 한다. 세법은 경험과 역사의 산물이다. 역사에는 문헌과 고고학적 실증 텍스트만이 유효할 뿐 논리 추론으로 역사가 이해되거나 서술될 수는 없는 일이다.

그렇지만 세법 역시 헌법을 정점으로 하는 체계화된 하나의 법률 구조물로서 헌법 이념에 예속되는 보편의 법 논리와 세법 고유의 목적에 상응하는 일관된 내적 규율이 없을 수 없으므로 실질과세 역시 법률적 속성을 가진 대상이 된다. 따라서 본 논의가 탐구하는 실질과세론은 역사적 맥락과 세법에 내재하는 고유의 법리 속에서 탐색하고 정의하고자 한다.

대한민국의 기본법인 헌법이 1948.7.17. 공포되었다. 1948년은 대한민국 정부가 수립된 해다. 우리나라 최초의 세법은 1949.7.15. 법률 제33호로 제정된 소득세법이다. 법인세법은 1949.11.7. 법률 제62호로 제정되었다.

세법의 제정은 조세 행정의 출범을 의미한다. 정부 수립 당시 조세 행정은 재무부 사세국(청)[1]이 맡고 있었다. 사세국은 재미군정청 국고국을 계승한 조직인데 조직명은 일제강점기 이름을 그대로 사용한 것 같다. 사세국은 징수서·직세서·간세서·감찰서를 두고 있었는데 직세는 직접세, 간세는 간접세를 말한다.

당시 세법에서 직접세는 소득세, 법인세, 간접세는 영업세, 주세 등을 말하며, 영업세법은 1949.8.13. 법률 제48호로 제정되었다. 또 다른 간접세인 주세법은 1949.10.21. 법률 제60호로 제정되었다. 영업세법과 주세법의 제정 일자가 법인세법보다 빨랐던 것은 경제 규모가 보잘것없던 당시에는 이 두 세목의 비중이 법인세보다 컸던 모양이다. 1949.12.20. 국세징수법이 제정된다. 인지세법(1950.3.10. 제정)과 조세범처벌법과 조세범처벌절차법(1951.5.7. 제정)의 제정이 그 뒤를 이었고, 1966년 조세특례제한법(조세감면규제법)이 제정되었다.

우리나라 세법은 제정기 이후 1970년대에 대대적 개편기를 맞는다. 1977.7.1. 부가가치세법과 특별소비세법(개별소비세법)이 시행되고, 종전의 영업세가 폐지되었다. 1978.12.5. 증권거래세법이 도입되고 80년대와 90년대를 거치면서 교육세와 농어촌특별세가 제정되었으며, 국제조세조정에관한법률은 1996년, 종합부동산세법은 세법 중 가장 늦은 2005년에 시행된다.

---

1 여러 자료에 의하여 볼 때 당시 사세국과 사세청을 혼용한 것으로 짐작된다.

2 세법의 개정과 변천

지금은 세법이 매년 개정되고 있다. 국가체계의 근간이 되는 헌법, 민법과 상법, 형법은 그렇지 않다. 세법과 세무의 한 축을 담당하는 기업회계기준 역시 변화가 많지 않다. 세법 개정이 연례적인 것은 세법이 국가 재정수입 확보와 그때그때 달라지는 정책 목적 달성을 위한 불가결한 수단이기 때문이다. 또 세법은 경제 가치를 대상으로 하는 법률이므로 경제 변화에 민감하게 반응할 수밖에 없다. 정치권력의 교체에 따라 서로 다른 이념적 가치가 세법에 반영되기도 한다. 종합부동산세법은 권력 향배에 따라 존재 의미와 기능성이 확연히 달라지는 세법이다.

세법 개정 항목은 대체로 과세 대상 범위와 세율, 공제감면과 한도, 비용의 인정 방식, 기준율, 이자율 등이 주를 이룬다. 각 세법이 가지고 있는 고유 법리와 기본 이념이 바뀌는 경우는 손에 꼽을 정도이다. 그러므로 정부 수립 직후에 제정된 각 세법의 기본 골자는 상당 부분 지금도 여전히 유효하게 계승되고 있다. 부가가치세제 도입으로 폐지된 영업세법의 기본 개념인 '사업장 단위 과세'는 지금도 여전히 부가가치세법의 중심 개념이다.

영업세법[시행 1949.8.13.] [법률 제48호, 1949.8.13., 제정]	부가가치세법[시행 2024.7.1.] [법률 제19931호, 2023.12.31., 일부개정]
제10조 영업세는 각 영업장마다 이를 부과한다. 영업자가 영업장을 특설하지 아니한 때에는 그 주소 또는 거소를 영업장으로 간주한다.	제6조(납세지) ① 사업자의 부가가치세 납세지는 각 사업장의 소재지로 한다. ③ 사업자가 제2항에 따른 사업장을 두지 아니하면 사업자의 주소 또는 거소(居所)를 사업장으로 한다.

소득세 납세의무자에 관한 규정 역시 제정 당시의 기본 개념이 지금도 그대로 유지되고 있다.

소득세법[시행 1949.7.15.] [법률 제33호, 1949.7.15., 제정] 제1조 국내에 주소를 두거나 또는 1년 이상 거소를 둔 자는 본법에 의하여 소득세를 납부할 의무를 진다.	소득세법[시행 2024.7.1.] [법률 제19933호, 2023.12.31., 일부개정] 제1조의2(정의) ① 이 법에서 사용하는 용어의 뜻은 다음과 같다. 1. "거주자"란 국내에 주소를 두거나 183일 이상의 거소(居所)를 둔 개인을 말한다.

그런데 정부 수립 초기에 제정된 세법은 법령 구성이 매우 단출했다. 충분한 준비 없이 법령이 제정된 탓이다. 심지어 가산세 규정조차 두고 있지 않다. 기초공사만 한 가건축물에 문패만 단 격이었다. 또한 세법은 과세요건 관련 규정 외 불복 청구에 관한 규정, 세무조사에 관한 규정 및 조세범칙에 관한 규정 등을 세법 별로 각각 중복해서 따로 두고 있었다.

> **소득세법[시행 1949.7.15.] [법률 제33호, 1949.7.15., 제정]**
>
> **제42조** 납세의무자는 제34조의 규정에 의하여 정부가 통지한 소득금액에 대하여 이의가 있을 때에는 통지를 받은 날로부터 30일이내에 불복의 사유를 구비하여 정부에 심사의 청구를 할 수 있다.
> 전항의 청구가 있는 경우에도 정부는 세금의 징수를 유예하지 아니한다.
>
> **제58조** 세무에 종사하는 공무원은 조사상 필요있을 때에는 납세의무자, 납세의무가 있다고 인정하는 자 또는 제53조제1항의 지불조서 및 동조제2항의 계산서를 제출할 의무있는 자에게 질문을 하며 그 소득지불 또는 계산에 관한 장부, 물건을 검사 할 수 있다.

제59조 세무에 종사하는 공무원은 조사상 필요 있을 때에는 납세의무자 또는 납세의무가 있다고 인정되는 자와 금전이나 물품을 거래하는 자에 대하여 그 금액, 수량, 가격 및 지불기일에 대하여 질문하며 이에 관한 일체의 장부, 물건에 대하여 검사 할 수 있다.

세무에 종사하는 공무원은 조사상 필요있을 때에는 납세의무자의 조직한 단체 기타 이에 준하는 단체에 대하여 그 단체원의 소득에 대하여 질문을 하며 그 단체의 장부를 검사할 수 있다.

제60조 사위 기타 부정의 행위로 인하여 소득세를 포탈한 자는 포탈한 세금의 3배에 상당하는 벌금 또는 과료에 처한다. 단, 자수한 자 또는 세무서장에게 신고한 자는 처벌하지 아니할 수 있다.

제61조 정당한 사유없이 제53조의 규정에 의하여 정부에 제출할 지불조서 또는 계산서를 제출하지 아니하거나 부정한 기재를 한 지불조서 또는 계산서를 제출한 자는 5만원이하의 벌금에 처한다.

전항의 규정에 의하여 처벌된 자에 대하여서는 그 제출에 관한 지불조서 또는 계산서에 대하여 제54조의 규정에 의한 금액을 교부하지 아니한다.

제62조 무기명의 공채, 사채, 조선금융채권 또는 주식에 대하여 이자 또는 배당의 지불을 받을 때에 제52조제1항에 규정한 사항에 대하여 허위의 고지를 한 자 및 동조 제2항의 규정에 위반하여 고지를 하게 하지 아니하고 지불한 자는 2만5천원이하의 벌금에 처한다.

제63조 소득의 조사 또는 조사의 사무에 종사하거나 종사하였던 자가 그 조사 또는 심사에 관하여 지득한 비밀을 정당한 사유없이 누설한 때에는 10만원이하의 벌금에 처한다.

제64조 제58조 및 제59조의 규정에 의하여 세무에 종사하는 공무원의 질문에 대하여 답변하지 아니하거나 허위의 진술을 한 자와 장부, 물건의 검사를 거절, 방해하거나 기피한 자 또는 허위의 기재를 한 장부를 제시한 자는 5만원이하 의 벌금 또는 과료에 처한다.

영업세법[시행 1949.8.13.] [법률 제48호, 1949.8.13., 제정]

제18조 납세의무자는 정부가 통지한 과세표준에 대하여 이의가 있는 경우에는 통지를 받은 날로부터 30일이내에 불복의 사유를 구비하여 정부에 심사청구를 할 수 있다.
전항의 청구가 있는 경우라도 정부는 세금의 징수를 유예하지 아니한다.

제23조 세무에 종사하는 공무원은 조사상 필요할 때에는 영업자 또는 영업자와 금전이나 물품거래를 하는 자에 대하여 그 금액, 수량, 가격, 지불기일등에 관하여 질문을 하며 또 이에 대한 장부물건을 검사할 수 있다.

제25조 제23조의 규정에 의한 세무에 종사하는 공무원의 질문에 대하여 답변을 아니한 자, 허위의 진술을 한 자, 장부물건의 검사를 거절방해하거나 기피한 자 또는 허위의 기재를 한 장부를 제시한 자는 5만원이하의 벌금 또는 과료에 처한다.

제26조 사위 기타 부정한 행위로 인하여 영업세를 포탈한 자는 그 포탈한 세금의 3배에 해당하는 벌금 또는 과료에 처하고 포탈한 세금은 즉시 이를 징수한다. 단, 자수한 자 또는 세무서장에게 신고한 자는 처벌하지 아니할 수 있다.

이처럼 제정 세법은 결핍과 구조적 하자가 두드러졌으므로 즉각 개편이 뒤따랐다. 각 세법이 제각각 규정하던 범칙 조항은 1951년 조세범처벌법과 조세법처벌절차법이 제정되면서 각 세법에서 삭제되는 개정이 이루어졌으며, 1954.3.31. 이전의 소득세법이 전면 폐지되고 법률 제319호로 제정된 새로운 소득세법이 시행되었다. 이 시기 법인세법 주세법 등 주요 세법 역시 대대적인 개정이 이루어졌다.

그러나 법률 제319호 역시 단명하고 1962.1.1. 새 소득세법이 시행되었으며, 1967.11.29. 소득세법은 또다시 전면 개정된다. 법인세법 역시 소득세법 개정과 같은 변화를 겪어 1961.12.8. 종전의 법인세법이 폐지되고 새 법령이 시행되다가 1967.11.29. 다시 전면 개정이 이루어졌는데 이 개정을 통해 실질과세 원칙이 세법에 처음 등장했다.

③ 실질과세 원칙의 도입

1968.1.1. 시행 소득세법은 아래와 같이 규정하고 있다.

> **소득세법 제2조(실질과세)** 소득의 귀속이 명목뿐이고 사실상 그 소득을 얻은 자가 따로 있는 경우에는 사실상 그 소득을 얻는 자에게 이 법을 적용하여 소득세를 부과한다. 다만, 대통령령이 정하는 사업의 소득에 대하여는 예외로 한다.
>
> **소득세법 시행령 제4조(명의자과세)** 법 제2조 단서에 규정하는 사업은 다음 각호의 1에 해당하는 사업으로 한다.
> 1. 건설업법의 규정에 의한 면허를 받은 자가 경영하는 건설업.
> 2. 무역거래법의 규정에 의하여 허가를 받은 자가 경영하는 수입업. 다만, 제99조의 규정에 의한 수입대행증명을 받은 경우에는 예외로 한다.
> 3. 전각호외에 국가 또는 지방자치단체로부터 허가·인가·면허·특허 또는 이에 유사한 성질의 인허를 받아 경영하는 사업. 다만, 사실상의 사업자가 따로 있는 것이 확인되어 사실상의 사업자에게 과세할 수 있을 때에는 예외로 한다. (1967.11.29. 신설)

1968.1.1. 시행 법인세법은 아래와 같이 규정하고 있다.

> **소득세법 제3조(실질과세)** ① 자산 또는 사업에서 생기는 수입의 전부 또는 일부가 법률상 귀속되는 법인과 실질상 귀속되는 법인이 다른 경우에는 그것이 실질상 귀속되는 법인에게 이 법을 적용하여 법인세를 부과한다.
> ② 법인세의 과세소득이 되는 금액의 계산에 관한 규정은 그 명칭여하에 불구하고 거래의 실질내용에 따라 이를 적용한다. (1967.11.29. 신설)

법령의 내용을 보면 소득세법의 실질과세는 법과 시행령으로 구성되어 있고, 법인세법의 실질과세 규정은 법으로만 규정되어 있다. 또 소득세법의 실질과세는 소득 귀속의 실질만을 규정하고 있지만, 법인세법은 소득 귀속뿐만 아니라 소득금액 계산의 실질까지 포함하고

있다.[2]

실질과세에서 소득 귀속의 실질은 별도의 부연 설명이 없더라도 취지와 적용을 이해하기에 어려움이 없다. 그런데 법인세법이 규정하는 '그 명칭여하'가 무엇을 뜻하는지는 선뜻 알기가 어려운 점이 있다. 법인세법 제3조는 개정 후 변함없이 유지되다가 2010.12.30.에 한차례 개정이 되었는데 '그 명칭여하'를 '소득·수익 등의 명칭이나 형식'으로 바꾸었다. 개정 이유문은 '국민이 법 문장을 이해하기 쉽게 정비하려는 것임'이라고 취지를 설명하였다.

법인세에 대한 실질과세의 실현은 거래 장부의 비치·기장을 전제로 한다. 장부의 기록은 증빙서류 보관을 포함한다.

장부와 증빙이 없다면 거래의 실질 내용을 분별하고 실질과세를 적용할 근거가 없고, 소득이란 장부 기록의 결과물로 산출되는 금액을 말하는 것이기 때문이다. 법인세법이 사업자에게 장부 기장의무를 부여한 때가 1962.1.1.자 시행 법령이었다. 법인세법이 규정하고 있는 '명칭'이란 바로 회계장부상 명칭을 말한다.

법인세법은 1968년 그때나 지금이나 순자산 증가액에 대해 법인세를 부과하고 있다. 순자산 증감 변동을 결정하는 가장 중요한 요인은 수익과 비용이며, 비용은 업무 관련성이 판단 기준이다. 급여 명목으로 지출되었다고 하더라도 실질 근로의 제공이 없었다면 업무 무관 지출로 보아 비용으로 인정하지 않으며,[3] 급여 수익자 소득의 종류

---

2 1968.1.1. 시행 영업세법도 제2조 제1항에서 '사실상의 영업자와 영업의 명의자가 상이한 경우에는 사실상의 영업자에게 영업세를 부과한다.'라고 명시한 실질과세 규정을 두었다.

3 '업무 관련성을 판단 기준으로 한다'라는 것은 업무 관련성이 없는 비용은 지출 의무가 없는 비용이므로 본질이 소득금액에 해당한다는 뜻이며, 업무와 관련이

역시 근로소득이 아닌 다른 어떤 소득(수입)이 된다. 마찬가지로 외상 매입금이라 하더라도 어느 때부터 지급 의무가 해제되었거나 처음부터 사실상 지급 의무가 없는 매입금이라면 부채가 아닌 수익으로 계상한다.

이처럼 실질과세는 겉모습이나 명칭이 아닌 '거래 또는 명칭 등의 실제적 사실'을 과세 대상으로 삼는다. 그런데 이러한 '실제적 사실'에 따른 조세의 부과, 즉 실질과세는 어떤 정당성을 가지며 조세법이 실질과세를 과세 이론의 토양으로 삼는 논거는 무엇인가를 탐색해 보아야 한다.

실질과세를 비롯하여 조세법의 기본 법리와 체계의 구성 원리를 이해하기 위한 가장 좋은 사유의 모형은 조세 행정과 세법의 근원적 존재 이유를 상기해 보는 것이다. 조세와 조세제도의 실행 규범인 세법은 모름지기 국가 재정을 위해서 존재한다. 국가 재정이란 국가 존립의 근원으로써 국가를 유지하기 위한 재력을 취득하고, 지출을 관리하는 경제 활동을 말한다. 재력의 취득은 곧 징수 활동이며 징수란 국가가 납세자로부터 재화를 징발하는 것이다. 만약 재력의 소유자가 아닌 명의자, 거래의 '실질 사실'이 아닌 형식이나 명칭에 따라 징수 대상과 금액을 확정한다면 과세권 행사의 궁극적 목적인 조세의 징수는 실현될 수 없거나 예정한 징수 효과를 달성하지 못하게 될 것이다. 형식이나 명칭은 얼마든지 자의적인 선택으로 위장되거나 은폐될 수 있기 때문이다. 형식이나 명칭의 자의적 선택이란 곧 조세회피를 말한다. 따라서 실질과세는 납세자의 조세회피에 대한 징수권자

없는 비용 지출 이전에 소득에 대한 납세가 선행되었어야 하므로 과소신고 사실에 해당하는 세법을 적용받게 된다.

18
실질과세론

의 원초적 대응 양식이며, 마땅히 그렇게 하지 않을 수 없는 조세법의 선험적 원리이자 당위론이 된다.

실질과세의 정당성을 지지하는 또 다른 토대는 공평 과세론이다. 공평과세 질서가 문란해지면 납세 순응 의식이 훼손되어 건전한 납세 풍토가 조성될 수 없다. 그러므로 공평과세론 역시 조세론의 중추적 원리 가운데 하나다. 공평과세를 이루기 위한 가장 유용한 방안은 조세의 대상과 크기를 확정하는 과정에서 납세자의 편의적 선택을 배제하는 것이다. 실질과세는 조세회피 방지뿐만 아니라 공평과세 공정 과세를 선양하고 유지하는 가장 합리적이고 유용한 방안이기도 하다.

4 법인세법 실질과세 원칙의 의의

1967.11.29. 개정되어 법인세법에 등장했던 실질과세 원칙은 2018.12.24. 돌연 삭제되었다. 2018년 삭제될 당시 법문은 앞서 확인한 것처럼 "그 명칭여하"라는 법문이 "소득·수익 등의 명칭이나 형식"으로 바뀐 것 말고는 1968년 개정 시의 법문이 그대로 존속해 왔다. 50년을 지탱해 온 실질과세 규정을 삭제하면서 개정 이유문은 '제4조를 삭제한다'라고만 할 뿐 아무런 개정 이유를 밝히지 않았다.

개정 이유가 없다는 사실은 제4조가 삭제된다고 해서 과세에 아무런 영향이 없다는 사실을 말해 준다. 법인세법 제4조가 과세에 직접 적용되는 조문이 아닐뿐더러 실질과세는 조세법의 선험적 원리이기 때문에 원칙 조문의 유무에 따라 실질과세가 달라지는 것도 아니다. 그렇다면 왜 법인세법은 제4조를 50년 동안 존속시켜 온 것인가? 2018년 법인세법 실질과세 조항이 삭제될 당시 새로 법인세법 제1조가 신설되었는데 조문 내용이 다음과 같다.

> **법인세법 제1조(목적)** 이 법은 법인세의 과세요건과 절차를 규정함으로써 법인세를 공정하게 과세하고, 납세의무의 적절한 이행을 확보하며, 재정수입의 원활한 조달에 이바지함을 목적으로 한다. [본조신설 2018.12.24.]

개정된 제1조는 '공정 과세' '재정수입의 원활한 조달' 같은 실질과세가 표방하는 근본이념을 담고 있다. 실질과세의 취지가 그대로 제1조로 대체되었다고 해도 틀렸다고 할 수 없을 정도다. 만약 제4조를 그대로 둔다면 같은 취지의 조문을 중복하여 규정하는 셈이다. 실질과세 규정은 사실상 제1조의 내용을 선언하는 조항이었다.

법인세법 소득계산의 실질과세는 납세자에게 일률적인 기장[4]의무를 부여하고, 기장을 토대로 실질을 적용하였다. 즉 실질과세란 회계장부의 기록을 근거로 하는 과세이며, 장부는 실질과세를 실현하는 필수 불가결한 선결 요건이다. 그런데 만약 기장이 없거나 현격히 부실한 기장이 확인되는 경우 법인세법은 '정부추계결정'의 방식을 적용한다.

> **법인세법[법률 제1964호, 1967.11.29.]**
>
> **제33조 (정부의 조사결정)** ① 내국법인이 제26조 또는 제27조의 규정에 의한 신고서를 제출하지 아니하였거나 공개법인 이외의 내국법인이 제출한 신고서의 내용이 부당하다고 인정될 때에는 각사업연도의 소득에 대한 법인세의 과세표준과 세액은 정부가 조사하여 이를 결정한다.
> ② 제26조 또는 제27조의 규정에 의한 신고서를 제출하지 아니한 경우에 당해 내국법인이 제62조의 규정에 의하여 비치·기장한 장부와 증빙서류에 의하여 그 소득금액을 계산할 수 있을 때에는 그 장부에 따라 당해 사업연도의 소득에 대한 법인세의 과세표준과 세액을 정부가 조사하여 이를 결정한다.

---

4 기장이란 기업회계기준에 의한 회계장부 기록을 말한다.

③ 제26조 또는 제27조의 규정에 의한 신고서를 제출하지 아니한 경우에 당해 내국법인이 제62조의 규정에 의한 장부의 비치·기장을 하지 아니하였거나 비치·기장한 장부에 의하여 당해 사업연도의 소득에 대한 법인세의 과세표준과 세액을 결정할 수 없을 때에는 정부가 정하는 소득표준율 또는 대통령령이 정하는 바에 의한 추계에 의하여 당해법인의 각사업연도의 소득에 대한 법인세의 과세표준과 세액을 결정(이하 "政府推計決定"이라 한다)한다.

추계결정은 추정 과세를 말한다. 소득을 추정하는 방식은 실질에 반하는 과세 방식이다. 실질과세를 적용하면서 실질을 적용할 수가 없는 경우라면 추정하여 과세하고 있다.

이러한 사실은 실질과세가 가지는 근원적 한계를 드러내는 것인데 실질과세가 비록 과세 원칙으로써 선험론 당위론이기는 하지만 자립적 완결성을 지닌 개념은 아니며, 국가 재정수입의 원활한 확보라는 이익에 충실할 때만 정당성이 인정되는 불완전 개념이라는 사실을 말해 준다.

5 소득세법 실질과세 원칙의 의의

소득세법의 실질과세 원칙은 1967.11.29. 개정 법령 제2조에서 규정되었다. 앞서 살펴본 대로 소득세법은 소득의 귀속만 적용하고 있었다. 소득세법이 실질과세 적용을 소득금액 계산에까지 확대한 것은 1971.12.28. 개정 법령이었다. 즉 소득세법은 실질과세 규정을 도입하고도 1968년부터 1971년까지 4년간 소득계산에 대한 실질과세를 적용하지 않았다.

소득세법이 소득계산에 대한 실질과세 적용을 지체한 데는 이유가 있었다. 소득세법은 단일 소득 단일세목을 규정하는 법인세법과 달리 소득의 종류를 부동산소득, 이자·배당소득, 사업소득, 근로소득, 기타소득 5가지 소득으로 분류하고 있었으며, 앞서 살펴보았듯이 소득계산의 실질을 적용하기 위해서는 반드시 기장이 선결되어야 하는데 이자·배당소득과 근로소득에 대해서까지 기장의무를 부여하면 납세자에게 지나치게 과중한 부담을 지우게 된다고 보았다. 따라서 소득세법은 이자·배당소득과 근로소득에 대해서는 기장의무를 지우지 않으려 했고 이를 위해 이 두 가지 소득에 대해서는 필요경비를 인정하지 않는 과세 방식을 선택했다.

이러한 사실은 이자·배당소득 소득금액 계산 방식을 변경하는 소득세법 개정과 기장의무 부여와의 관계 속에서 확인되고 있다.

먼저 소득세법은 이자·배당소득에 대해 '수입금액에서 이자 등을 공제하는 방식'을 취해 오다가 1954.3.31. 소득세법 폐지제정을 거치면서 수입금액에서 '필요경비를 공제하지 아니하는 소득'으로 바뀌었다. 소득금액 계산 방식을 변경한 법령의 개정 내용은 다음과 같다.

소득세법 제11조 일반소득은 좌의 각호의 규정에 의하여 이를 산출한다. 5. 법인으로부터 받은 이익이나 이식의 배당 또는 잉여금의 분배는 전년중의 수입금액에서 원본을 득하기에 요한 부채의 이자를 공제한 금액. 단, 무기명주식의 배당에 대하여서는 지불을 받은 금액 [시행 1949.7.15.] [법률 제33호, 1949.7.15., 제정]	**소득세법 제12조(과세표준의 계산)** ① 분류소득세의 과세표준은 다음의 각호의 규정에 의하여 계산한 금액에 의한다. 2. 배당, 이자소득 갑종, 국내에서 지급을 받는 공채, 사채와 예금의 이자와 합동운용신탁의 이익 또는 국내에 본점이나 주사무소를 둔 법인으로부터 받는 이익이나 이식의 배당 또는 잉여금의 분배는 그 연중의 수입금액을종, 갑종에 속하지 아니하는 이자, 이익배당 또는 분배는 그 연중의 수입금액 [시행 1954.3.31.] [법률 제319호, 1954.3.31., 폐지제정]

그런데 이러한 개정 뒤 소득세법은 1954.10.1. 개정을 통해 종전 (1954.3.31. 개정)의 '신고·납부 세액공제' 규정을 '장부 기타 증빙서류에 의하여 조사한 소득금액'이라고 개정함으로써 '기장 세액 공제' 규정 으로 개정하였다.

소득세법 제30조(신고납부) ① 종합소득세의 납세의무 있는 개인이 제21조와 제22조의 규정에 의한 신고와 동시에 당해 세액을 납부할 경우에는 제19조의 규정에 의하여 계산한 세액의 10분의1에 상당하는 액(以下 控除稅額이라 한다)을 공제한 것을 그 세액으로 할 수 있다.(以下 申告納付稅額이라 한다) ② 정부조사의 과세총소득금액(以下 調査額이라 한다)이 신고의 과세총소득금액(以下 申告額이라 한다)을 초과할 경우에는 다음에 게기하는 바에 의하여 그 세액을 계산한다. 1. 조사액과 신고액의 차액이 조사액의 10분의2 이하일 때에는 조사액에 대하여 소정의 세율을 적용하여 계산한 세액에서 공제세액과 신고납부세액을 공제한 것을그 세액으로 한다. 2. 조사액과 신고액의 차액이 조사액의 10분의2를 초과할 때에는 조사액에 대하여 소정의 세율을 적용하여 계산한 세액에서 신고납부세액을 공제한 것을 그 세액으로 한다. [시행 1954.3.31.] [법률 제319호, 1954.3.31., 폐지제정]	**소득세법 제30조(신고자에 대한 세액공제)** ① 분류소득세 또는 종합소득세의 납세의무 있는 개인이 제20조 내지 제22조의 규정에 의한 신고서를 소정기한내에 제출한 경우에 정부가 장부 기타 증빙서류에 의하여 조사한 소득금액 또는 총소득금액(以下 調査額이라 한다)과 신고액의 차액이 조사액의 10분1의 이하일때는 조사액에 의하여 제14조, 제14조의3 또는 제19조의 규정에 의하여 계산한 세액 (以下 算出稅額이라 한다)의 10분의2에 상당하는 액(以下 控除稅額이라 한다)을 공제한 것을 그 세액으로 한다. [시행 1954.10.1.] [법률 제343호, 1954.10.1., 일부개정]

그런데 1954.3.31. 개정과 1954.10.1. 개정은 모두 부칙에서 '종합소

득세에 대해서는 단기 4287년(1954년)분[5]부터 본법을 적용한다.'라고 규정함으로써 1955.1.1.~1955.1.31. 신고에서부터 적용하였으므로 짧은 시차를 두고 있음에도 적용은 같이 이루어졌다.

소득세법은 기장과 관련하여 기장을 유도하는 기장 세액공제 적용 단계(1954.10.1. 개정), 기장의무 부여와 무기장 가산세 부과 단계(1962.11.28. 개정)를 점진적으로 거쳐 왔으며 기장 세액공제는 지금도 유지하고 있는 현행 규정이다.[6]

1954.3.31. 개정으로 이자·배당소득에 대한 소득금액 산출 방식이 변경된 것은 기장 세액공제 규정 시행을 앞두고 소득별 기장의무를 구분 짓기 위한 입법으로 보인다.

법인세법은 기장 세액공제를 적용하지 않았다. 법인세법은 소득세법에 앞서 기장의무 부여와 무기장 가산세 부과(1961.12.8. 개정)를 바로 적용하였다. 다만, 법인세법은 1956.12.31. 개정으로 소득금액 신고 시 대차대조표 등을 첨부하도록 함으로써 가산세 부과에 앞서 약 6년간 기장을 권장하는 단계를 거쳤다.

법인세법 제18조 ① 납세의무있는 법인은 대통령령의 정하는 바에 의하여 재산목록, 대차대조표, 손익계산서 또는 청산이나 합병에 관한 계산서와 가치 제4조 내지 제8조의 규정에 의하여 계산한 소득금액의 명세서를 첨부하여 그 소득금액을 정부에 신고하여야 한다. 단, 국내에 본점 또는 주사무소를 두지 아니하는 법인은 그 이외에 국내에 있는 자산 또는 사업에 관한 손익을 계산한 소득금액의 명세서를 첨부하여야 한다.

---

5 1954.10.1. 개정 소득세법은 '총소득금액이 24만환을 초과할 경우' 익년 1월 1일부터 1월 말까지 종합소득세를 신고하도록 규정하고 있다.

6 기장 세액 공제제도는 소득세법의 고유한 세액공제 제도이다(현행 소득세법 제56조의2 참조).

　기장과 관련하여 법인세법과 소득세법은 시종 다른 태도를 보이는 것은 사업자와 개인사업자의 기장 자력이 같지 않고 개인사업자의 납세 순응력이 법인 사업자에 훨씬 못 미친다고 보기 때문이다.

　또 이자·배당 소득을 산출하는 데 필요경비를 인정하지 않는다는 것은 소득계산에 실질이 반영되지 않는다는 뜻이기도 하다. 대출을 받은 자금 원본에서 이자가 발생하였다면 대출이자는 발생 이자의 필요경비 성격을 갖는다. 법인에 자본금을 출자하였다가 자본이 잠식된 상태로 청산을 하였다면 사실상 음수의 배당소득이 발생한 것이다. 그렇지만 소득세법은 대출이자와 음수의 배당소득을 인정하지 아니하므로 이자·배당소득은 실질 내용이 소득금액에 반영되지 아니하는 소득이 된다. 사실이 이러하므로 소득세법이 이자·배당 소득 계산에 실질과세를 적용한다면 실질을 반영하지 않는 소득에 대하여 실질과세를 적용하는 법리적 모순에 빠지게 된다.

　또 당시 소득세법은 부동산소득 필요경비 계산에 있어서 두 가지 방식을 적용하였으며, 실질 필요경비와 실질 필요경비가 일정 비율(경비율 또는 표준경비)에 미달하는 경우 경비율에 의한 금액을 필요경비로 적용하였다.

이 역시 사업소득이 아닌 부동산소득자에게 과중한 세금 부담과 기장이라는 납세 협력에 따른 부담 의무를 부여하지 않으려는 취지[7]에서 도입된 제도였으나 이 규정은 실질에 따른 소득금액 계산 원칙에는 역행하는 입법이었다. 경비율을 적용한다는 것은 소득금액을 추정 산출하는 과세 방식이다. 소득금액에 대한 실질과세 원칙과 추계 소득금액 산출 방식을 동시에 규정함으로써 세법은 스스로 이율배반을 드러내고 있다.

소득세법이 실질과세 규정에 소득계산의 실질을 규정하지 아니한 4년의 공백은 실질과세 원칙과 실질과세에 배치되는 현실적 제약 사이에서 발생하는 모순에 대한 고민의 흔적이라고 볼 수 있다. 소득세법은 실질주의 과세가 비록 정당하고 마땅히 그래야 하는 당위이지만 현실은 이를 수용하기가 어렵다고 본 것이다.

그렇지만 결국 1971.12.28. 개정에서 소득세법은 소득계산에 대한 실질 규정을 신설한다. 실질과세 원칙을 신설하면서도 소득세법은 원칙에 반하는 추계소득 산출 규정은 그대로 두었다. 그리고 신설된 법문은 법인세법과 같이 '이 법 중 소득에 관한 규정은 그 명칭여하에도 불구하고 그 실질 내용에 따라 이를 적용한다.'라고 규정하였다.

---

7 비록 기장을 하지 않더라도 정부가 정한 경비율이 있으므로 총수입금액만 확정하면 소득신고가 가능해진다. 경비율은 소득세법에만 있는 특별한 제도인데 당시뿐만 아니라 지금도 여전히 운용되고 있는 제도다. 현재는 사업소득의 모든 업종에 대해 기준경비율과 단순경비율로 구분하여 적용한다.

소득세법 제2조(실질과세) ① 소득의 귀속이 명목뿐이고 사실상 그 소득을 얻은 자가 따로 있는 경우에는 사실상 그 소득을 얻는 자에게 이 법을 적용하여 소득 세를 부과한다. 다만, 대통령령이 정하는 사업의 소득에 대하여는 예외로 한다. ② 이 법 중 소득에 관한 규정은 그 명칭 여하에 불구하고 그 실질내용에 따라 이를 적용한다. 〈신설 1971.12.28.〉 [시행 1972.1.1.] [법률 제2315호, 1971.12.28., 일부개정]

소득에 대한 실질과세는 과세 원리상 기장에 의한 소득을 말하는 것이므로 기장의무가 부여된 소득에 대해서만 실질과세가 적용된다. 당시 기장의무가 부여된 소득은 사업소득이다. 부동산소득은 필요경비가 공제되는 소득이지만 경비율을 적용하였으므로 기장의무에서 제외하였다. 따라서 소득세법 실질과세는 사업소득에 한정해서 적용하였다. 그 후 제2조였던 실질과세 규정은 제7조로 옮겨 지속되다가 1994.12.22. 개정 시 소득세법에서 삭제되었다.

소득세법의 실질과세는 처음부터 대상과 적용 방식이 제한적이었다. 조세는 추상적 개념이 아니라 현실의 구체적인 작용이라는 이해를 바탕으로 실질에 반하는 여러 과세 규정을 두지 않을 수 없었기 때문이다.

현실이란 행정 능력과 납세 순응 능력을 말한다. 원칙이 아무리 타당하더라도 원칙을 실현할 방안이 제한적이거나 납세자의 순응을 기대할 수 없다면 무용지물이다. 소득계산에 대한 실질과세는 기장 능력이 전제되어야 하는데 지금과 같은 세무 대리인 제도도 정착되지 않은 당시 상황에서 법인이 아닌 개인사업자에게 정상적인 기장을 기대한다는 것은 연목구어와 다름없는 일이었다. 또 조세는 국가 재정 조달을 위해 존재하는 것이지 조세 원칙의 실현이 목적이 될 수는 없다. 소득세법은 이런 관점에서 현실과 성실히 타협하는 태도를 보여

왔으며, 사실상 소득금액 계산에 대해서는 온전한 실질과세를 내세우지 않았다고 볼 수 있다.

6 실질과세와 부당행위계산부인

1) 부당행위계산부인 규정의 도입

1967.11.29. 세법 개정은 실질과세 규정 도입 외에 또 다른 특징적인 변화를 보여주는데 바로 부당행위계산부인 규정을 신설한 것이다. 부당행위계산은 특수관계자 거래에 한정하여 적용하는 조세회피 대응 규정이다.

누군가가 다른 법률과 구분되는 세법만이 가지고 있는 특성 한 가지를 들라고 한다면 단연 특수관계자 개념일 것이다. 특수관계자야말로 다른 법률에서는 찾아볼 수 없는 세법 고유 개념이다. 세법별로 조금씩 다르게 규정되어 있지만 특수관계자는 대체로 혈연관계자, 혼인에 의한 관계자라는 친인척 범주와 법인을 매개로 하는 경영 지배 관계 범주, 그리고 근로 활동을 매개로 하는 경제적 연관 범주로 구성된다. 세법이 규정하는 특수관계자는 서로 거래의 당사자가 되었을 때 이해관계의 대립이 없이 일방의 이해에 순응하고 협력하거나 처음부터 다른 목적을 위해 위장된 거래를 형성할 수 있는 높은 개연성을 가진 사회적 관계 집단으로 정의할 수 있다.

그러므로 세법은 원천적으로 특수관계자 거래를 비정상적 거래로 추정한다. 세법의 이러한 태도는 특수관계자 간 거래에는 거래 그 자체가 목적이 아니라 이익의 분여와 조세 부담 회피가 거래보다 앞서는 행위의 숨은 동기라고 보기 때문이다. 따라서 세법은 특수관계자 간 거래에 대해서는 예외 없는 검증을 천명하며 때로는 검증에만 거치지 않고 특정 사안에 대해서는 반드시 과세하도록 규정하는 법률을 두고 있는데 그 법률이 바로 부당행위계산부인 규정이다.

특수관계자 개념과 부당행위계산부인은 오랫동안 법인세법이 발전시켜 온 이론 체계다. 법인세법은 제정 초부터 동족회사[8]에 대한 특별 과세 규정을 두고 있었는데 몇 차례 개정을 거쳐 온 동족회사 관련 법령이 1961.12.8. 폐지제정을 통해 새롭게 개편된 것이 부당행위계산부인 규정이다.

> **법인세법 제33조** ① 동족회사의 행위 또는 계산으로서 그 소득이거나 주주, 사원 또는 이와 친족, 사용인 기타 대통령령의 정하는 출자관계있는 법인등 특수의 관계있는 자의 소득에 대하여 소득포탈의 목적이 있다고 인정되는 경우에는 그 행위 또는 계산에 불구하고 정부는 그 인정하는 바에 의하여 당해 법인의 소득금액을 계산할 수 있다.
> ② 본법에서 동족회사라 함은 주주 또는 사원의 1인과 이와 친족, 사용인, 대통령령으로 정하는 출자관계있는 법인등 특수한 관계있는 자의 소유하는 주식 또는 출자의 금액의 합계액이 그 회사의 주식 또는 출자금액의 2분의 1이상에 상당하는 회사를 말한다. 〈신설 1952.12.14.〉

> **법인세법 제33조** ① 동족회사의 행위 또는 계산으로서 그 소득이거나 주주, 사원 또는 이와 친족, 사용인 기타 대통령령의 정하는 출자관계있는 법인등 특수의 관계있는 자의 소득에 대하여 소득포탈의 목적이 있다고 인정되는 경우에는 그 행위 또는 계산에 불구하고 정부는 그 인정하는 바에 의하여 당해 법인의 소득금액을 계산할 수 있다.
> ② 본법에서 동족회사라 함은 다음의 각호의 1에 해당하는 회사를 말한다. 〈신설 1952.12.14., 1954.3.31.〉

---

8 '동족회사'는 일본 세법에서 유래된 개념이며, 우리 세법에서는 1960.12.31. '비공개법인'으로 개칭되면서 없어졌다.

1. 주주 또는 사원의 1인과 그 친족 기타 그와 대통령령으로 정하는 특수의 관계가 있는 개인(以下 同族關係者라 稱한다)이 가진 주식 또는 출자의 금액의 합계액이 그 회사의 주식금액 또는 출자금액의 백분의 30이상에 상당하는 회사
2. 주주 또는 사원의 2인과 그들의 동족관계자가 가진 주식 또는 출자의 금액의 합계액이 그 회사의 주식금액 또는 출자금액의 백분의 40에 상당하는 회사
3. 주주 또는 사원의 3인과 그들의 동족관계자가 가진 주식 또는 출자의 금액의 합계액이 그 회사의 주식금액 또는 출자금액의 백분의 50이상에 상당하는 회사
4. 주주 또는 사원의 4인과 그들의 동족관계자가 가진 주식 또는 출자의 금액의 합계액이 그 회사의 주식금액 또는 출자금액의 백분의 60이상에 상당하는 회사
5. 주주 또는 사원의 5인과 그들의 동족관계자가 가진 주식 또는 출자의 금액의 합계액이 그 회사의 주식금액 또는 출자금액의 백분의 70이상에 상당하는 회사〈1954.3.31. 법률 제320호〉

법인세법 제18조(법인의 부당행위계산부인) 법인의 행위 또는 계산이 각령의 정하는 바에 의하여 소득포탈의 목적이 있다고 인정되는 경우에는 그 행위 또는 계산에 불구하고 정부는 그 법인의 소득금액을 계산할 수 있다. [전문개정 1961.12.8. 폐지제정]

소득세법의 부당행위계산부인은 법인세법보다 한참 뒤진 1967.11.29. 신설되었다. 이는 소득세법이 실질과세 적용을 지체한 것과 같은 맥락으로 이해해도 무방하다.

소득세법 제33조(부당행위계산부인) 부동산소득 또는 사업소득자가 한 행위 또는 계산이 대통령령이 정하는 바에 의하여 조세의 부담을 부당하게 감소하게 한다고 인정될 때에는 정부는 그 행위 또는 계산에 불구하고 소득금액을 계산할 수 있다.〈1967.11.29.〉

2) 부당행위계산부인 규정의 의의

부당행위계산부인 규정은 법인세와 소득세(부동산소득 및 사업소득)를 과소 신고한 사실에 대한 대응 과세 규정이다. 세법은 '소득포탈' 또는 '조세의 부담을 부당하게 감소하게 한' 사실과 그러한 사실이 특수관계자와의 거래로 인하여 형성되었을 것을 과세요건으로 삼고 있다. 또 부당행위계산 적용 항목에서 상장기업(공개기업)을 제외하는 규정을 두었으며, 주로 비상장기업 혹은 동족 기업을 대상으로 하였다.

조세회피에 대한 대응적 과세는 실질과세의 근본이념이다. 조세는 실질과세를 통하여 공평·공정 과세를 실현하고 안정적인 국가 재정을 확보하고자 한다. 부당행위계산은 납세자 자의에 의한 조세회피행위를 과세 단계[9]에서 배척하고자 하는 규정으로서 실질과세 이상에 충실한 규정이라는 사실에 이의를 제기하지 못할 것이다. 또 1967.11.29. 개정 소득세법은 부당행위계산부인을 기장의무가 부여된 소득에 한정하여 적용하고 있는데 이는 실질과세 적용하는 원리와 완전히 일치한다.

3) 실질과세 규정으로서의 부당행위계산부인

부당행위계산이 실질과세 규정과 다른 점이 있다면 실질과세에 대한 별도 고려 없이 직접 과세에 적용할 수 있다는 기능적 독립성이다. 그리고 부당행위계산 규정은 법령 구성이 실질과세 규정과는 다른 형식을 취하고 있어 실질과세와는 다른 별개의 규정이라고 볼 여지가 없지 않다. 이 같은 주장에 동조하는 주목할 만한 몇몇 의견도 있다.

---

9 국가 재정수입은 과세 단계와 징수 단계로 구분되어 이행되며, 과세와 징수는 서로 독립적인 별개의 법령에 따라 절차가 수행된다.

하지만 실질과세 규정이 신설되기 이전부터 법인세법은 조세를 회피하는 동족회사 특수관계자 거래에 대하여 법인세를 부과해 왔으므로 이러한 예외적인 과세의 정당성을 뒷받침하는 합리적이고 타당한 법리가 반드시 있어야 한다. 그런데 특수관계자 거래를 통한 조세회피행위에 대해 과세하는 세법 규정에 대해 합목적적 정당성을 부여해 줄 수 있는 조세 원리가 실질과세 원칙 말고 다른 어떤 것이 있을 수 있는지 모르겠다. 그리고 실질과세가 반드시 원칙으로만 규정되어야 할 이유가 있는 것도 아니다. 실질과세가 구체적인 과세 규정이 아닌 원칙 규정만으로 자신의 이상을 실현하려고 한다면 당장 포괄 위임 금지와 같은 법원리와 충돌하므로 아무런 실제적인 기능을 발휘하지 못할 수도 있다. 이러한 원칙 규정으로서의 제약과 한계를 고려해 보면 부당행위계산 규정을 실질과세와 다른 법률이라고 보기보다 실질과세 원칙에 근거하여 창설되었으며 확장된 유형의 실질과세 규정으로 보는 것이 타당할 것이다. 그리고 부당행위계산부인을 실질과세 규정이 아니라고 한다면, 법인세법과 소득세법은 실질과세 규정이 없는 세법이 된다.[10]

부당행위계산이 실질과세 세법인지에 대한 논란과 관련 참고가 될 만한 세법 규정이 있다. 현행 부가가치세법 제29조 제4항은 소득세법과 법인세법의 부당행위계산에 해당하는 조항이다. 그런데 이 조항이 1977.7.1. 부가가치세제가 처음 시행되었을 때는 적용 대상을 특수관계자 거래에 한정하지 아니하였으므로 부당행위계산 조문이 아닌

---

10 이런 이유로 세법 비전문가로서 조세법 전공을 자처하는 일부 연구자 그룹은 세법에는 법적 실질은 존재하지 않으며, 그러므로 실질이란 경제적 실질을 말한다는 주장을 펴고 있다.

실질과세 조문이었다. 실질과세 조문이 나중에 부당행위계산 조문으로 변천한 것이다. 실질과세 조문과 부당행위계산부인의 차이는 거래 대상을 특수관계자 거래에 한정하는지, 대상 거래를 '의제(legal fiction)' 하는지, 직접적인 과세 근거 법령이 되는지 여하가 다를 뿐이다.

부가가치세법 제13조 ① 재화 또는 용역의 공급에 대한 부가가치세의 과세표준은 다음 각호의 가액의 합계액(이하 "供給價額"이라 한다)으로 한다. 다만, 부가가치세는 포함하지 아니한다. 3. 부당하게 낮은 대가를 받거나 대가를 받지 아니하는 경우에는 자기가 공급한 재화 또는 용역의 시가(1976.12.22. 제정)	**부가가치세법 제29조** ④ 제3항에도 불구하고 특수관계인에 대한 재화 또는 용역(수탁자가 위탁자의 특수관계인에게 공급하는 신탁재산과 관련된 재화 또는 용역을 포함한다)의 공급이 다음 각 호의 어느 하나에 해당하는 경우로서 조세의 부담을 부당하게 감소시킬 것으로 인정되는 경우에는 공급한 재화 또는 용역의 시가를 공급가액으로 본다. 〈개정 2021.12.8.〉 1. 재화의 공급에 대하여 부당하게 낮은 대가를 받거나 아무런 대가를 받지 아니한 경우 2. 용역의 공급에 대하여 부당하게 낮은 대가를 받는 경우 3. 용역의 공급에 대하여 대가를 받지 아니하는 경우로서 제12조제2항 단서가 적용되는 경우(2013.6.7. 전부개정)

제2장

실질과세 원칙의 변천

제2장

실질과세 원칙의 변천

1 국세기본법의 제정과 실질과세 원칙

세법 제정 이후 세법의 변화는 시대별·연대별로 서로 다른 양상을 보여 왔고 특별히 고도성장기 이후, 또 정치적 민주화 이후로 변화가 두드러졌다. 그리고 정치권력의 교체에 따른 변화 또한 적지 않았다.

세법 제정 직후 세법은 법률의 결핍과 하자를 보완하고 기본 체계를 구축해 가는 개정 위주로 세법 개편이 이루어졌다. 60년대에는 실질과세, 부당행위계산부인 규정이 등장함으로써 법률 체계를 점차 고도화했고, 70년대에 접어들어서는 세법의 근본 체계가 바뀌는 변화가 일어났다. 1975년에 국세기본법이 시행되었으며, 동시에 소득세법이 개정됨으로써 양도소득세 과세가 시작되었다.[11] 1977.7.1. 부가가치세제가 시행되었으며, 영업세법이 폐지되었다. 부가가치세는 세법에 대한 기존 패러다임을 완전히 바꾸어 놓았다. 이 모든 변화는 산업화와 고도성장으로부터 왔다.

70년대 변화에서 가장 두드러지는 사안은 국세기본법의 제정이다.

---

11 양도소득세는 1954.3.31. 개정으로 과세 대상 소득으로 입법되었다가 1960.12.30. 개정으로 폐지되고 1967.11.29.부터 '부동산투기억제에관한특별조치세법'으로 운용되어 오다가 이 법이 폐지되면서 재차 양도소득세 과세가 시작되었다.

이 일로 조세법 질서 체계가 바뀌었기 때문이다. 이전의 세법 체계가 각자 독립적인 세법들의 평면적 연합체였다면 국세기본법의 제정으로 입체적 체계가 구축되었다고 할 수 있다. 또 국세기본법에 실질과세 규정이 도입되면서 세법의 실질과세 규정과 함께 이원적 구조가 형성되었다.

국세기본법 제14조(실질과세) ① 과세의 대상이 되는 소득·수익·재산·행위 또는 거래의 귀속이 명의일 뿐이고 사실상 귀속되는 자가 따로 있는 때에는 사실상 귀속되는 자를 납세의무자로 하여 세법을 적용한다.
② 세법중 과세표준의 계산에 관한 규정은 소득·수익·재산·행위 또는 거래의 명칭이나 형식에 불구하고 그 실질내용에 따라 적용한다. (1974.12.21. 제정)

국세기본법 실질과세 규정은 소득세법과 법인세법의 실질과세 규정과 법문 내용에서 분명한 차이를 보인다. 또 소득세법과 법인세법의 규정 내용의 차이도 눈에 띈다. 1975.1.1. 시행 소득세법과 법인세법의 실질과세 규정을 비교해 보면 아래와 같다.

소득세법 제7조(실질과세) ① 소득의 귀속이 명목뿐이고 사실상 그 소득을 얻은 자가 따로 있는 경우에는 국세기본법 제14조제1항에 의하여 사실상 그 소득을 얻은 자에게 이 법을 적용하여 소득세를 부과한다. 다만, 대통령령이 정하는 사업에서 발생하는 소득에 관하여는 그러하지 아니하다. ② 이 법중 소득에 관한 규정은 그 명칭 여하에 불구하고 국세기본법 제14조제2항에 의하여 실질내용에 따라 이를 적용한다. (1975.1.1. 시행)	**법인세법 제3조(실질과세)** ① 자산 또는 사업에서 생기는 수입의 전부 또는 일부가 법률상 귀속되는 법인과 실질상 귀속되는 법인이 다른 경우에는 그것이 실질상 귀속되는 법인에게 이 법을 적용하여 법인세를 부과한다. ② 법인세의 과세소득이 되는 금액의 계산에 관한 규정은 그 명칭여하에 불구하고 거래의 실질내용에 따라 이를 적용한다. (1975.1.1. 시행)

또 국세기본법 실질과세 규정에는 이전에 사용된 적이 없는 '소득·수익·재산·행위 또는 거래의 귀속과 거래의 명칭'이라는 문구가 포함되어 있다. 이 같은 서술은 국세기본법의 실질과세는 각 세법이 개별적으로 규정하는 실질과세와 달리 모든 세법을 포괄하여 규정하고자 하는 의도에서 구성된 것으로 보인다.

국세기본법 제14조 제1항 및 2항에서 규정하는 '소득'이란 소득세법의 과세소득의 범위(제3조), 소득의 종류(제4조), 비과세 소득(제5조), 그리고 법인세법의 각사업연도의 소득(제9조), 비과세 소득(제10조), 면제 소득(제11조)과 같은 뜻이다.

'수익'은 영업세법의 수익의 실현 시기(제23조), 비과세 수익(제24조) 또 법인세법의 수익사업(제1조) '거래로 인하여 발생하는 수익의 금액'(제9조)와 같은 뜻이다.

'재산'은 상속세법[12]의 상속재산(제2조), 타인의 증여에 의하여 국내의 재산을 취득한 자(제29조의2)의 용례와 같다. '행위'는 '영업자가 주된 영업에 부수하여 행하는 행위'(영업세법 제3조), 범칙행위(조세범처벌법 제2장), 사기기타부정한행위(조세범처벌법 제9조)를 말한다.

'거래'는 '영업자는 영업장별로 복식부기 또는 간이장부나 일기장에 의한 장부를 비치하고 그 영업에 관한 모든 거래 사실을 기재하여야 한다.'(영업세법 제14조)라는 법문과 부가가치세법의 과세 대상 거래(제2장 제1절) 거래 징수(제31조) 에서 사용된 용례와 같은 뜻이다. 거래의 귀속과 거래의 명칭은 앞에서 살펴본 바와 같다.

이처럼 국세기본법이 규정하는 실질과세 원칙은 소득세법, 법인세

---

12 상속세법이 상속세 및 증여세법으로 법률명이 바뀐 것은 1998.12.20. 개정을 통해서였으며, 1975.1.1. 당시는 상속세법이었다.

법, 영업세법, 부가가치세법, 상속세법, 조세범처벌법을 모두 포괄하고 있다.

법인세법 실질과세 원칙은 다른 세법에 비해 실질과세 대상이 단순하고 명료하다. 법인세법의 대상 사업자가 법인으로 단일하며, 세목도 법인세 단일세목만을 규정하기 때문이다. 따라서 법인세법의 실질과세는 '사업에서 생기는 수입'(제1항, 귀속의 실질)과 '법인세 과세소득'(제2항, 소득계산의 실질)으로 직접적이며 명확하게 서술하는 반면 소득세법의 실질과세는 국세기본법 규정을 인용하는 방식으로 서술하고 있다.

당시의 소득세법은 양도소득세 과세가 신설됨으로써 이자소득, 배당소득, 부동산소득, 사업소득, 근로소득, 퇴직소득, 양도소득, 산림소득, 기타소득 등 모두 9개 종류의 소득을 담당하는 방대한 세법이므로 실질과세를 좀 더 포괄적으로 규정할 필요가 있었을 것이다. 그렇다면 소득세법은 국세기본법과 똑같은 실질과세 규정을 운용하였다고 볼 수 있으며, 법인세법과 영업세법 그리고 1977.7.1. 시행 부가가치세법[13]은 국세기본법과 별개의 실질과세 규정을 운용하고 있었으므로 이들 세법과 국세기본법 규정과의 법률 체계상 질서가 요구되었다. 국세기본법은 이와 관련 과세와 관련된 규정은 세법이 국세기본법에 우선한다고 규정하였다.

> **국세기본법 제3조(세법과의 관계)** 이 법은 세법에 우선하여 적용한다. 다만, 세법이 이 법 제2장제1절, 제3장제2절·제3절 및 제5절, 제5장제1절과 제

---

[13] 부가가치세법은 별개의 실질과세 원칙 없이 실질과세에 해당하는 과세 조항(제13조 제1항 제3호)을 두고 있었다.

처음 2개 항으로 구성되었던 국세기본법의 실질과세 원칙은 2007.12.31. 개정으로 제3항이 신설된다.

2 상속세 및 증여세법의 실질과세 원칙

상속세 및 증여세법(이하 '상증세법')은 주요 세법 가운데 법률 개정 횟수가 가장 더딘 세법이다. 상증세법은 1950.3.22. 제정되었는데 다른 세법과 달리 단 한 번 폐지 없이 지금까지 존속해 왔다. 70년대 대대적인 세제 개편 바람도 상증세법은 비켜 갔다. 이런 느린 변화는 상속세와 증여세의 납세 주기가 역년이 아닌 세대 단위라는 사실과 무관치 않을 것이다.

상증세법 55개 조문 중 43개 조문이 신설되는 첫 번째 대대적 개편이 1981.12.31. 있었고, 그 후 1996.12.30. 전부개정이 있었다. 그때도 상증세법은 여전히 실질과세 규정을 따로 두지 않았다. 상증세법의 실질과세 규정은 2003.12.30. 개정을 통해서 처음 신설되었다.

상속세 및 증여세법 제2조(증여세 과세대상) ③ 이 법에서 "증여"라 함은 그 행위 또는 거래의 명칭·형식·목적 등에 불구하고 경제적 가치를 계산할 수 있는 유형·무형의 재산을 타인에게 직접 또는 간접적인 방법에 의하여 무상으로 이전(현저히 저렴한 대가로 이전하는 경우를 포함한다)하는 것 또는 기여에 의하여 타인의 재산가치를 증가시키는 것을 말한다. 〈신설 2003.12.30.〉

④ 제3자를 통한 간접적인 방법이나 2 이상의 행위 또는 거래를 거치는 방법에 의하여 상속세 또는 증여세를 부당하게 감소시킨 것으로 인정되는 경우에는 그 경제적인 실질에 따라 당사자가 직접 거래한 것으로 보거나 연속된 하나의 행위 또는 거래로 보아 제3항의 규정을 적용한다. 〈신설 2003.12.30.〉

상증세법이 실질과세 규정을 두게 된 경위는 증여세[14] 완전포괄주의 과세 시행을 위한 조치였다. 완전포괄주의는 2004.1.1.부터 시행되었다.

증여세 완전포괄주의란 증여세 조세회피에 대한 예외 없는 과세를 표방한 일련의 상증세법 개정·신설을 말한다. 또 상증세법은 완전포괄주의 과세를 위해 민법상 증여 외에도 행위나 거래의 명칭·형식·목적 등과 관계없이 경제적 가치를 계산할 수 있는 유형·무형의 재산을 직간접적인 방법으로 타인에게 무상으로 이전하는 것과 기여에 의하여 타인의 재산 가치를 증가시키는 것까지 모두 증여세 과세대상으로 삼는 새로운 증여의 개념을 마련했다.

상속세 및 증여세법 제2조(증여세 과세대상) ① 타인의 증여(贈與者의 死亡으로 인하여 효력이 발생하는 贈與를 제외한다. 이하 같다)로 인하여 증여일 현재 다음 각호의 1에 해당하는 증여재산이 있는 경우에는 그 증여재산에 대하여 이 법이 정하는 바에 의하여 증여세를 부과한다. 〈개정 1998.12.28., 2003.12.30.〉

---

14 완전포괄주의는 2004년 개정 법률에서는 증여세로 한정하다가 2013년 개정 법률에서 상속세까지 확대되었다.

1. 재산을 증여받은 자(이하 "受贈者"라 한다)가 거주자(本店 또는 主된 事務所의 所在地가 國內에 있는 非營利法人을 포함한다. 이하 이 項과 第54條 및 第59條에서 같다)인 경우에는 거주자가 증여받은 모든 증여재산
2. 수증자가 비거주자(本店 또는 主된 事務所의 所在地가 國內에 없는 非營利法人을 포함한다. 이하 이 項과 제4조제2항, 第6條第2項·第3項 및 第81條第1項에서 같다)인 경우에는 비거주자가 증여받은 재산중 국내에 있는 모든 재산
② 제1항에 규정된 증여재산에 대하여 소득세법에 의한 소득세, 법인세법에 의한 법인세 및 지방세법의 규정에 의한 농업소득세가 수증자(受贈者)에게 부과되는 때에는 증여세를 부과하지 아니한다. 이 경우 소득세·법인세 및 농업소득세가 소득세법·법인세법·지방세법 또는 다른 법률의 규정에 의하여 비과세 또는 감면되는 경우에도 또한 같다. 〈개정 2002.12.18., 2003.12.30.〉

또 그동안 증여의제로 과세하던 조항을 예시 규정으로 전환(법 제45조의2 명의신탁재산의 증여의제 제외)하고, 일일이 예시하지 못한 증여 유형에 대해서는 같은 법 제42조(기타 이익의 증여, 2004.1.1. 시행법률)를 적용하여 포괄적으로 과세하도록 하였다. 이런 변화는 직접적인 과세 규정이 없다고 하더라도 예시 규정과 유사한 증여 이익이 발생한 거래에 대해서는 이를 증여로 보아 과세할 수 있도록 하는 법률적 장치를 마련한 것을 말하며, 경제적 실질의 관점에서 증여 이익이 발생한 모든 거래를 과세 영역에 포함하려는 시도였다.

그렇지만 완전포괄주의는 비록 입법 취지가 정당하다고 하더라도 법규의 형식과 내용이 조세법 일반 원리와 헌법 이념에 배치된다는 지적이 많았다. 그것뿐만 아니라 과세권자에게 제한 없는 재량권을 부여하게 되고, 법 해석에 있어 유추해석과 확대해석을 허용하는 결과를 낳는다는 사실, 증여 후 재산 증가분을 새로운 증여로 보아 과세하는 경우 증여 시 납세의무가 성립하고 정부 결정 시 확정되는 납세의무의 성립과 확정의 일반 법리와 모순되는 등 여러 중대한 결함

들이 노출되었다. 그리고 무엇보다 법률로서 예정하고 있지 않은 과세를 하는 경우 증여 가액을 산출할 수 있는 법률적 근거가 없다는 한계를 드러내면서 이를 보완하는 새로운 의제 조항(법 제45조의3 등)을 신설하기도 했다.

증여세 완전포괄주의는 이례적으로 국세청 주도로 이루어진 입법이었으나 입법자 자신도 입법의 정당성을 확신하지 못하는 법률이었다. 국세청은 이 법률이 위헌 법률이 되는 것을 매우 두려워해서 완전포괄주의 과세는 반드시 국세청 본청의 승인을 얻어야만 과세할 수 있도록 하는 내부 지침을 만들어 운용할 정도였다. 그렇지만 입안자들의 노심초사에도 불구하고 이 법률은 지금까지 위헌 시비에 휘말리거나 이런 일로 인하여 법률이 폐기되는 상황을 용케 피해 나가고 있다. 많지 않은 몇 건의 과세가 모두 패소했기 때문이다.

③ 국제조세조정에관한법률의 실질과세 원칙

국제조세조정에관한법률(이하 '국제조세법')은 1995.12.6. 제정된 세법이다. 국제조세법의 실질과세 규정은 2006.5.24. 신설되었다.

국제조세법이 실질과세 조문을 신설하던 당시에는 지금과 달리 상증세법이 별도의 실질과세 규정[15]을 두고 있었다. 따라서 국제조세법은 실질과세 조문을 신설하면서 국세기본법과 상증세법이 규정하는 법문을 참고한다. 즉 제1항과 제2항은 국세기본법을 따르고, 제3항은 상증세법을 따랐다.

---

15 상증세법 제2조 제4항을 말한다.

제2조의2(국제거래에 관한 실질과세) ① 국제거래에 있어서 과세의 대상이
되는 소득·수익·재산·행위 또는 거래의 귀속에 관하여 명의자와 사실상 귀속
되는 자가 다른 경우에는 사실상 귀속되는 자를 납세의무자로 하여 조세조약
을 적용한다.
② 국제거래에 있어서 과세표준의 계산에 관한 규정은 소득·수익·재산·행위
또는 거래의 명칭이나 형식에 불구하고 그 실질내용에 따라 조세조약을 적용
한다.
③ 국제거래에 있어 제3자를 통한 간접적인 방법이나 2 이상의 행위 또는 거
래를 거치는 방법에 의하여 조세조약 및 이 법의 혜택을 부당하게 받기 위한
것으로 인정되는 경우에는 그 경제적 실질에 따라 당사자가 직접 거래한 것으로
보거나 연속된 하나의 행위 또는 거래로 보아 조세조약 및 이 법을 적용한다.

1996년 법 제정 당시 국제조세법 제1조는 '이 법은 국제거래에 관
한 조세의 조정에 관한 사항과 국가간의 조세행정협조에 관한 사항
을 규정함으로써 국가간의 이중과세 및 조세회피를 방지하고 원활한
조세협력을 도모함을 목적으로 한다.'라고 규정하였다. 국제조세법은
국제간 거래에 적용하는 세법으로서 세법 중 유일하게 조세회피방지
를 목적으로 제정된 세법이다.[16] 법은 해외 조세피난처를 이용한 소
득의 은닉과 탈루 행위 등을 규제하고 이를 모두 과세 대상으로 포함
하고 있다. 또 조세회피 방지 법률로서 실효성을 확보하기 위해 법인
세법 및 소득세법이 규정하는 부당행위계산부인 규정을 적용하지 아
니한다는 별도의 규정(제4조)을 둔다. 이 법은 모두 91개 조를 두고 국

---

16 소득세법은 1994.12.22. 법인세법은 2018.12.24. 각각 실질과세 조항을 삭제하였
으며, 상증세법은 2015.12.15. 실질과세 조항을 삭제했다. 부가가치세법은 종전의
실질과세 규정을 2013.6.7.부터 부당행위계산 조항으로 개정하여 운용함으로써
현행 세법에서는 국제조세법이 실질과세 원칙조항을 두고 있는 유일한 세법이다.

제거래 이중과세 조정, 해외자산의 신고 등과 함께 여러 과세 조항을
두고 있다.

제3장

개념의 확립

개념의 확립

① 실질의 개념

실질과세 원칙이 세법에서 운용된 때가 1967.11.29. 개정부터였다. 그렇지만 실질과세 원칙이 세법에 규정되기 전에도 세법은 실질과세를 적용해 왔다. 1951.5.7. 조세범처벌법이 제정되었는데 처벌 대상이 '사위 기타 부정한 행위로 조세를 포탈한 자' '재산에 관하여 허무인명의를 사용한 자' '허위의 신고 또는 고지를 한 자' 등으로 규정하였다.

> **조세범처벌법**
>
> **제9조** 사위 기타 부정한 행위로써 조세를 포탈하거나 포탈하고저 한 자는 3년 이하의 징역 또는 그 포탈하거나 포탈하고저 한 세액의 5배이상 10배이하에 상당하는 벌금에 처한다.
>
> **제13조** 좌의 각호의 1에 해당하는 자는 1년이하의 징역, 20만원이하의 벌금에 처한다.
>
> 3. 재산에 관하여 허무인명의를 사용한 납세의무자 또는 그 정을 알고 이에 협력한 자
>
> **제14조** 납세의무자로 하여금 과세표준의 신고(申告의 修正을 包含한다. 以下 申告라 稱한다)를 하지 아니하게 하거나 허위의 신고를 하게 하거나 조세의 징수나 납부를 하지 않을 것을 선동 또는 교사한 자는 2년이하의 징역 또는 30만원이하의 벌금에 처한다. [시행 1951.6.7.] [법률 제199호, 1951.5.7., 제정]

조세범처벌법은 조세 포탈 행위자에 대하여 세액을 추징한 후 형사범으로 다시 고발하는 요건을 규정하는 법률이다. 조세법은 조세 포탈 행위자를 처벌할 필요가 있었고 '허무인명의' '사위' '허위'에 대응하는 과세 개념이 필요했는데 세법은 이를 '실질'이라고 부른 것이다.

'허무인명의'와 관련한 실질과세 원칙이 소득 귀속의 실질이며, '사위 기타 부정한 행위로 조세를 포탈한 자' '허위의 신고 또는 고지를 한 자'와 관련한 실질과세 원칙이 소득계산의 실질이다. 이처럼 조세 포탈 또는 조세회피[17]에 대한 과세가 먼저 있었고 실질은 그러한 행위에 대한 과세권 대응 행위의 표상으로서 의미를 지닌다. 또 빗살무늬, 민무늬의 질그릇이 먼저 있었고 거기에 '토기'라는 이름을 붙였듯이 실질은 붙여진 명분이며, 앞선 명분이 아니라 나중에 붙여진 명분이다.

실질은 어떤 완결성을 지닌 관념 체계를 지칭하는 어휘가 아니다. 실질은 실질과세를 명분으로 과세하면서 실질 내용을 확인할 수 없으면 소득금액을 추정 산출하는 이율배반의 속성을 지닌다. 소득세법과 법인세법이 규정한 이러한 추정 과세 원칙은 법률 제정 시부터 현행 세법에 이르기까지 변함없이 유지되고 있는 세법의 정형 가운데 하나다. 따라서 실질은 자기 모순적 속성을 지닌 불완전 개념이다. 실질은 오로지 국가 재정 확보라는 대의에 부합하는 경우에만 정당성을 가지며, 대의명분의 조명이 꺼지면 그 자체로는 아무런 의미를 지니지 않는다.

---

17 '조세 포탈'은 1951.5.7. 제정 조세범처벌법이 처음 사용하였으며, 조세범처벌법 제정 이전의 소득세법, 법인세법, 영업세법에서는 각각 소득세 포탈, 법인세 포탈, 영업세 포탈이라는 법문이 확인되고 있다. '조세회피'는 1995.12.6. 국제조세 조정에관한법률 제정 시 처음 사용하였다.

2 실질과세의 개념

실질과 실질과세는 반드시 구분되어야 한다. 실질은 불확정개념이며, 불완전한 관념 체계다. 반면, 실질과세는 불확정개념이 될 수 없고 반드시 소득(수익, 재산, 행위)의 실질 귀속자(행위자)와, 세목과 귀속연도, 세율을 확정하여야 하므로 확정개념이 되어야 한다. 과세는 세액을 구체적으로 결정하고 고지하는 절차이기 때문이다. 과세요건은 세법이 규정하므로 실질과세란 곧 실질 사실에 대하여 세법을 적용하는 절차를 말한다. 실질 사실이란 실제적 사실과 법적 사실 이 두 가지 사실을 말한다.

실제적 사실에 대하여 세법 규정을 적용하면 실제적 실질과세, 법적 사실에 대하여 세법 규정을 적용하면 법적 실질과세가 된다. 실질과세는 실질을 명분으로 하지만 원칙과의 괴리는 피할 수 없고, 심지어 반실질과세를 정당화하기도 한다. 사실이 이러함에도 반실질과세가 위법한 처분이 되지 아니하는 이유는 그러한 과세가 법령으로 입법[18]되어 있으며, 납세자에게 부여한 기장의무 등을 이행하지 아니한 의무 불이행이 사실로 확정되었기 때문이다.

한편, 세법은 법적 사실에 따른 실질과세를 특수관계자 거래라는 제한된 영역에 한정하여 적용한다. 법적 사실에 따른 실질과세 규정은 법인세법 소득세법 부가가치세법이 규정하는 부당행위계산부인, 국조법의 부당행위계산(정상가격), 간주 특례 규정, 상증세법의 의제 규정을 말한다.

---

18 추계결정 조항 등을 말하며, 특정 법률 규정의 위헌 여부는 조세법률주의와는 별개 사안이다.

세법이 법적 실질을 특수관계자 거래에 한정하여 적용하는 것은 세법이 조세회피행위가 특수관계자 거래에서만 발생하는 것으로 가정하기 때문이다. 특수관계자 외 당사자 간에는 이해관계가 대립한다고 보며 의도적인 조세회피가 발생하지 않는다고 본다. 세법의 이러한 근본 이해는 경제상의 자유와 창의를 존중하는 헌법 이념[19]에 따른 선택이다. 따라서 실질과세 대상을 특수관계자 외의 거래에까지 무한정 확대한다면 헌법 규율에 반한다고 볼 수 있다.

③ 사실 판단의 범위와 한계

실질과세는 예외적 과세 원칙이 아니라 과세의 일반 보편원칙이다. 자진 신고 세목이든 정부 조사 결정 세목이든 실질과세는 원칙적으로 빠짐없이 적용되어야 한다. 그러므로 모든 과세에는 사실의 증명과 사실관계의 판단이 필수적으로 선행할 수밖에 없다. 사실의 입증과 판단을 흔히 '사실관계 확정'이라고 한다. 실질과세는 확정된 사실관계를 근거로 하는 과세 방식이다.

소득 귀속과 관련해서는 거래 계좌 명의자는 누구인지, 명의자는 권리와 의무의 실질 주체인지, 명의자의 행위능력에 의심스러운 점은 없는지 등을 확인하고 판단한다.

과세표준 계산의 실질과 관련해서는 계약서와 세금계산서, 지급 대금의 총액과 지급 내역 등이 장부상 내용과 일치하는지 여부, 자산과 부채에 과소·과다 계상 사실 여부 등을 확인한다.

그런데 사실 판단과 관련 과세권자의 사실관계 확정의 인정 범위

---

19 헌법 '제119조' 참조

를 어디까지 허용할 것인지에 관한 문제가 중요하게 대두된다. 이 문제는 실질에 따른 과세 범위와 한계를 결정짓는 매우 중요한 사안이다.

사실관계에 대한 과세권자의 판단이 무제한 허용될 수는 없을 것이다. 만약 무제한 허용한다면 과세 판단을 과세권자에게 전적으로 일임하는 것이므로 법치의 기본원리를 위배한다. 제한적이라면 그 제한의 범위와 기준은 어떻게 정할 것인지, 근거는 무엇인지가 결정되어야 한다.

세법은 법률이며 조세 또한 법치주의 원리를 따라야 하므로 사실관계에 관한 판단은 법률로 규정되어야 한다고 볼 수 있다. 하지만 예측할 수 없는 사실 판단의 여러 구체적인 모든 내용을 법률로 미리 입법화하는 일이 가능한지에 대해 의문이 따른다.

이 문제와 관련하여 세법과 국세기본법은 어디에도 이 문제와 관련한 별도 규정이나 단서를 두고 있지 않다. 조세는 국가에 의하여 행사되는 국민에 대한 채권이므로 민법상 채권과 본질이 다르지 않다. 채권자인 국가는 자신들의 채권행사가 정당하다는 사실을 증명할 책임이 있고, 사실관계 확정은 채권이 존재한다는 사실을 입증하는 행위이므로 '요건사실론'은 실질과세를 적용하는 사실 판단의 범위와 한계를 설정하는 데 원용하거나 참고할 수 있을 것으로 생각된다.

일반적으로 '요건사실'이란 법규의 법률요건에 해당하는 구체적 사실을 말한다. 그러므로 요건사실은 법률요건과 사실요건으로 구성된다. 법률요건은 추상적 요건이다. 구체적 사실이 입증되어야만 법률요건이 완성된다. 사실요건은 법률요건을 완성하는 구체적 사실을 말한다. 사실은 그 자체만으로는 법률효과를 나타낼 수 없고, 법률요건에 부합하는 사실이 되는 경우에만 사실요건이 될 수 있다.

'요건사실론'에서 법률은 민법 등을 말하며, 조세채권에서 법률은 세법이다. 또 조세채권은 채무자와 계약에 따라 성립되는 채권이 아니므로 세법은 '채무 이행 계약서'와 같은 의미를 지닌다. '요건사실론'에 따르면 사실관계에 대한 과세권자의 판단 범위는 세법이 규정하는 법률요건으로 한정되어야 하며, 만약 과세권자가 세법이 규정하지 아니하는 사실관계에 대해 부과 처분을 하는 경우라면 그러한 처분은 약정되지 아니하는 의무를 강요하는 행위로서 법률요건을 갖추지 못하였으므로 법률효과 없는 처분이 된다.

4 사실요건의 두 가지 유형

1) 실제적 사실[20]

국가 채권으로서 조세는 '법률요건'과 '사실요건'이라는 두 가지 요소가 모두 충족됨으로써 성립한다고 보아야 한다. 사실요건의 가장 일반적 유형은 '실제적 사실'이다. 실제적 사실은 "거짓이나 오류가 없는 진실한 사실 상태"라고 정의할 수 있다. 거짓은 의도적인 가장 상태, 오류는 의도가 개입되지 아니한 왜곡된 사실 상태라고 생각해 두자.

'실제적 사실'에 따른 과세의 가장 일반적인 예는 부자간 부동산을 양도하였으나, 매매대금을 지급하지 않은 사실에 대한 부과 처분이다. 양도인에게 양도세를 부과할 것인지 취득인에게 증여세를 부과할 것인지를 결정하는 요인은 '대금의 지급이 없었다'라는 실제적 사실이지 등기부등본상의 등기원인인 '매매'는 조세 부과 처분의 근거가 되지 않는다.

---

20 이 책은 '실질'이 있기 전에 먼저 '사실'이 있다고 본다. 실질은 사실을 판단하는 세법의 주관적 가치개념이다. 따라서 실제적 사실은 징수권자의 주관이 개입되지 아니한 사실로서 '있는 그대로'의 사실을 말한다.

이러한 사실에 대하여 과세권자는 대금의 지급이 없으므로 마땅히 납세의무자를 양도인에서 양수인으로 변경하고 경제적 이익의 귀속자인 양수인에게 증여세를 부과하게 된다. 납세자의 신고를 부인하는 이러한 처분이 정당한 과세가 되는 이유는 거래의 실제 사실이 그러하며, 그에 대한 증여세 과세요건을 세법이 규정하고 있으므로 법률요건과 사실요건이 모두 충족되기 때문이다. 이와 같은 과세는 국세기본법 제14조 제1항(귀속의 실질)과 제2항(과세표준 계산의 실질)이 규정하는 실질과세다.

2) 법적 사실

'법적 사실'이란 '법률이 규정하는 사실'(예, 특수관계자 거래를 통해 세부담 감소가 발생했다는 사실)로서 거래의 실제적 사실을 부인하고, 거래를 세법이 규정하는 사실관계로 '의제(legal fiction)'하는 것을 말한다. '법적 사실'은 '실제적 사실'과 달리 주관적 사실이다. 주관적 사실은 주관적 의도에 따라 사실관계를 변형하는데 이러한 변형이 법령에 따라 행하여지므로 합법적인 행정행위가 된다. 이러한 사실관계의 주관적 변형은 과세 결정에만 적용되며 본래의 실제적 사실의 법형식까지 부정되는 것은 아니다.

국세기본법 제14조 제3항이 규정하는 내용이 법적 사실에 해당한다. 법적 사실이 거래의 실제적 사실과 다르다고 하더라고 조세법률주의에 따라 그에 따른 과세는 정당한 과세로 인정된다.

5 법적 사실의 두 가지 유형

1) 법적 실질

법적 실질은 법률로 의제된 사실관계에 따라 과세한다는 뜻으로써 '법적 사실'과 같은 말이다. 법적 실질은 가장 오래된 실질과세 유형이다. 상증세법이 경제적 실질에 따른 과세를 창설하기 전 세법의 실질과세는 법적 실질만 있었다.

법인세법, 소득세법, 부가가치세법은 원칙적으로 부당행위계산부인으로 실질과세를 적용하며, 일부 포괄주의 과세를 규정하는 조항을 두고 있다.[21] 국제조세법은 부당행위계산부인,[22] 간주, 특례규정으로 실질과세를 구현한다.

2) 경제적 실질

'경제적 실질'이란 증여세와 상속세에만 적용되는 법적 실질이다. 2004년 이후 상증세법이 종전의 열거주의를 폐기하고 완전포괄주의 과세 방식을 선택하면서 이를 '경제적 실질'에 따른 과세라고 이름을 붙였다.

'경제적 실질'은 과세요건을 예시 규정으로 두어 규정 내용과 유사한 거래에 대해서도 모두 과세하도록 하였으며, 이러한 과세 방식은 부당행위계산, 의제 등 종전의 법적 실질과는 구별되는 법적 실질이다. 경제적 실질이란 증여 상속 이익에 대한 포괄주의 과세 방식을 말한다.

---

21 법인세법 시행령 제88조 제1항 제9호 참조.
22 국제조세법이 규정하는 정상가격제는 사실상 부당행위계산부인 규정이다.

〈사실과 실질의 관계 및 실질과세 개념도〉

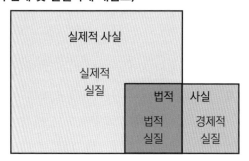

제4장

실질과세의 적용

실질과세의 적용

1 국세기본법과 세법의 관계

1974.12.21. 제정된 국세기본법은 국세에 관한 기본적인 사항 및 공통적인 사항, 그리고 불복절차를 규정하는 법이다. 이전 국세징수 법에서 규정하던 서류의 송달, 국세의 우선 관계, 납세의무의 승계, 제2차 납세의무, 국세 징수권 소멸시효, 시효의 중단과 각 세법이 개별적으로 규정하던 가산세, 불복절차, 실질과세 원칙 등 규정을 따로 모아 만든 법령이다. 제정 당시 타 세법에 없던 국세기본법만의 고유 조항은 제1조 목적과 제2조 정의 말고는 없다고 해도 무방하다. '세법 과의 관계' 조항조차 전부터 국세징수법에 있던 조항이다. 이처럼 국세기본법은 새로운 법령이라기보다 조세 법령의 공통적 기본적 법률 을 가려내어 편제와 이름만 달리한 법률이다.

국세기본법은 세법이 아닌 일반법으로 제정되었다. 가산세와 경정 청구, 납세의무의 승계, 제2차 납세의무 등 직접적으로 납세와 관련 된 조항을 두고 있음에도 국세기본법이 세법이 되지 않는 이유는 과세 요건을 규정하는 법령 규정을 두지 않기 때문이다. 세법은 원칙적으로 1세목 1세법 주의를 따른다.[23] 따라서 국세기본법은 소득세 과세 조항과 법인세 과세 조항 등을 둘 수 없다. 가산세는 세목을 구분하지 않고 적용되며, 경정청구, 납세의무의 승계, 제2차 납세의무, 불복 청구도 세목을 구분하지 않는다. 그러므로 이를 국세기본법에 편제한 것이다.

현행 세법은 12개 세목별 세법을 포함 총 17개 법률로 구성되어 있다. 세목별 세법이 아닌 법률로서 세법에 포함된 국세징수법 등 5개 세법[24]은 고유 목적과 기능의 중요성을 고려하여 조세법 체계에서 특별법 지위를 부여하기 위해 세법으로 분류한다.

② 실질과세의 적용 방법과 세법적 질서

국세기본법은 흔히 흔히 총칙법이라 불린다. 따라서 국세기본법은 세법에 대하여 일반법이며, 세법은 국세기본법에 대하여 특별법에 해당한다. 또 국제조세법은 특별법 중 특별법이므로 조세법 체계에서의 법률의 우선 적용 순위는 국제조세법이 가장 앞서며 그다음 세법(16개 법률), 국세기본법이 마지막 순으로 정해진다. 국세기본법은 세법이 규정하지 아니하는 사안에 관해서만 과세에 적용할 수 있다.

실질과세를 적용함에 있어서도 현행 세법 중 실질과세 규정을 따로 두고 있는 국제조세법은 국세기본법을 따르지 아니한다. 실질과세 규정을 두고 있지 않은 소득세법, 법인세법, 상증세법, 부가가치세법도 마찬가지이다. 국세기본법을 따르지 않으며, 각 세법은 세법의 규

---

23 소득세법과 상속세 및 증여세법은 예외다.

24 국세징수법, 조세특례제한법, 국제조세조정에관한법률, 조세범처벌법, 조세범처벌절차법이다.

정에 따라 실질과세를 적용한다. 실질과세 원칙은 조세법에 내재하는 조리를 명문화한 확인적 규정이므로 원칙조항이 없다고 해서 실질과세가 중단되지 않는다. 그리고 원칙조항은 직접 과세에 적용되는 조항이 아니다. 원칙조항을 과세에 적용하면 불확정개념에 의해 과세하는 오류를 범하게 된다.

국세기본법 제14조 역시 법률 적용과 관련하여 '사실상 귀속되는 자를 납세의무자로 하여 세법을 적용한다'(제1항) '세법 중 과세표준 계산에 관한 규정은 (중략) 그 실질 내용에 따라 적용한다'(제2항) '연속된 하나의 행위 또는 거래를 한 것으로 보아 이 법 또는 세법을 적용한다'(제3항)라고 명시, 이러한 법률 적용 원칙을 규정하고 있다. 따라서 실질과세를 적용한다고 해서 실질과세 원칙조항이 부과 처분의 근거 법령이 되지 아니하며, 반드시 세법 조항이 근거 법령이 된다.

국세기본법 제14조가 규정하는 3개 항은 '실제적 사실'과 '법적 사실'로 구성되어 있다. 제1항과 제2항은 '실제적 사실', 제3항은 '법적 사실에 따른 법적 실질'에 해당하는 조항이다. 국세기본법 제14조 제3항(이하 '제3항')은 본래 상증세법이 규정하던 실질과세 원칙인데 국제조세법과 국세기본법이 이를 원용하였다. 상증세법에서 '~본다'라는 술어는 의제 한다는 것을 말한다. 제3항이 법적 사실의 한 유형인 '경제적 실질'까지 포함한다고 보기는 어렵다. '경제적 실질'은 '~한다'라는 술어로 서술되기 때문이다.

국세기본법 제14조(실질과세) ③ 제3자를 통한 간접적인 방법이나 둘 이상의 행위 또는 거래를 거치는 방법으로 이 법 또는 세법의 혜택을 부당하게 받기 위한 것으로 인정되는 경우에는 그 경제적 실질 내용에 따라 당사자가 직접 거래를 한 것으로 보거나 연속된 하나의 행위 또는 거래를 한 것으로 보아 이 법 또는 세법을 적용한다.

3 각 세법의 실질과세

1) 소득세의 실질과세

현행 소득세법은 7개 종류의 세목을 규율하고 있다.[25] 소득금액 계산의 실질과세는 기장의무를 전제 조건으로 하여 적용하며, 세법이 기장의무를 부여하지 아니하는 소득은 실질과세를 적용하지 아니한다. 소득금액이란 기업회계기준에 의한 장부 기록을 통해서 산출되는 결과이기 때문이다. 법률 제정 시부터 현재까지 소득세법은 이러한 원칙을 한결같이 유지하고 있다. 이자소득, 배당소득, 사업소득, 연금소득, 기타소득, 퇴직소득, 양도소득 중 기장의무가 부여된 소득은 사업소득과 기타소득이다. 이자소득, 배당소득, 연금소득, 퇴직소득은 기장의무가 없으므로 실질과세 적용에서 제외된다. 다만, 양도소득세는 기장의무가 없음에도 실질과세를 적용하고 있다. 따라서 법인세법과 소득세법의 실질과세란 기장에 의한 신고, 기장에 관한 실지 사실 확인 조사를 말한다.

---

25 1975.1.1. 소득세법에서 규정하던 9개 소득의 종류 중 부동산소득은 2009.12.31. 사업소득에 포함하였으며, 산림소득은 2006.12.30. 과세소득에서 제외하였다.

소득세법 제118조(실지조사결정) ① 정부는 과세표준확정신고에 의한 결정을 하는 경우 이외에도 제184조 또는 제185조의 규정에 의한 장부를 비치기장한 거주자에 대하여 그 비치·기장된 장부와 증빙서류를 근거로 하여 소득금액을 계산할 수 있을 때에는 그 비치·기장된 장부에 의하여 당해연도의 과세표준과 세액을 조사·결정하여야 한다. (시행 1975.1.1.)

2) 양도소득세의 실질과세

양도소득세는 1975.1.1.부터 과세가 시작된 소득이다. 양도소득세는 비사업자, 개인을 대상으로 하는 세목으로서 양도소득은 장기간에 걸쳐 누적된 소득이 일시적 부정기적으로 발생하는 특성을 가지므로 양도소득금액 산출에 대해서는 원천적으로 기장의무를 부여할 수가 없다.

소득세법 법리에 따른다면 기장의무가 없는 소득은 실질과세를 적용하지 아니한다. 하지만 양도소득세에는 예외가 적용되어 과세가 시작되면서부터 실질과세를 적용해 왔다. 고도성장에 따른 막대한 경제적 부가 양도소득을 통해 분출되었으므로 행정 능력도 납세 순응력도 갖추어지지 않은 상황이었지만 조세 수입에 대한 기대가 우선 고려되었던 것 같다. 양도소득에 대한 실질과세는 양도가액과 취득가액에 시가(실질 거래 가액)를 적용하였으므로 실제적 실질과 법적 실질로서 부당행위계산부인 이 두 가지가 적용되었다.

소득세법 제23조(양도소득) ② 양도소득세금액은 당해 자산의 양도로 인하여 발생한 총수입금액(이하 "讓渡價額"이라 한다)에서 제45조의 규정에 의한 필요경비를 공제한 금액(이하 "讓渡差盒"이라 한다)에서 다시 그 취득가액에 대통령령에 정하는 율과 그 취득일로부터 양도일까지의 기간을 곱한 금액(이하 "讓渡所得特別控除額"이라 한다)을 공제한 금액으로 한다.

그런데 양도소득세에 대한 실질과세는 20여 년이 지난 1995.12.29. 돌연 폐지된다. 양도차익을 실질 거래 가액이 아닌 기준시가에 따라 산출하도록 소득세법이 개정되었으며, 실거래 가액은 예외적으로 적용하였다. 양도소득에 대한 실질과세가 철회되고 표준시가(기준시가)에 의한 추정 과세가 시행된 것이다. 표준시가는 표준시와 유사하다. 표준시는 우리 집에 해가 언제 뜨든지 간에 해 뜨는 시간을 법으로 정해 놓는다. 표준시가 과세는 해당 부동산 가격을 법률로 정해 놓고 그에 따라 세금을 부과한다. 행정 능력과 납세 순응력을 고려하지 않은 성급한 정책의 후진이었다. 그러다가 2007년 기준시가 과세 원칙은 다시 폐지되고 처음의 시가주의로 다시 환원한다.

양도소득세 실질과세는 실가, 기준시가, 실가로 변천을 거듭해 왔다. 세법의 실질과세 적용이 얼마나 임의적이고 가변적인지를 보여주는 사례다. 이처럼 비사업자, 개인을 대상으로 하는 소득세법은 한 번도 원리에 충실하게 실질과세를 적용한 적이 없다. 행정 능력과 납세 순응력이라는 현실의 마찰력 때문이다.

정하는 경우에는 실지거래가액에 의한다.

2. 제1호외의 자산의 경우에는 당해 자산의 양도당시의 실지거래가액. 다만, 양도당시의 실지거래가액을 확인할 수 없는 경우에는 기준시가에 의한다.

소득세법 제100조(양도차익의 산정) ① 양도차익을 산정함에 있어서 양도가액 또는 취득가액중 어느 하나를 실지거래가액에 의하는 때에는 다른 하나도 실지거래가액에 의하여야 하고, 어느 하나를 기준시가에 의하는 때에는 다른 하나도 기준시가에 의하여야 한다. 다만, 대통령령이 정하는 경우로서 양도가액 또는 취득가액중 어느 하나만의 실지거래가액을 확인할 수 있는 때에는 실지거래가액을 확인할 수 있는 것은 실지거래가액에 의하여야 하고, 실지거래가액을 확인할 수 없는 다른 하나는 대통령령이 정하는 방법에 의하여 환산한 가액에 의하여야 한다. (1995.1.1. 시행)

3) 법인세의 실질과세

세법의 실질과세는 법인세법의 동족회사 과세제도에 그 뿌리를 두고 있다. 동족회사는 비상장 중소기업으로서 지금의 가족기업으로 일컬어지는 법인과 유사하다. 동족회사 과세제도는 현행 법인세법 시행령 제88조 및 제89조의 부당행위계산부인 규정의 직계 조상이다.

법인세법 실질과세는 타 세법과 달리 매우 단순하고 명확하고 모범적이다. 특수관계자 거래를 통하여 법인세 부담이 부당하게 감소한 사실에 대해서는 매우 엄격한 대응을 보인다. 법인세법 실질과세의 가장 큰 특징은 부당행위계산부인 규정뿐 아니라 일반 세법 규정을 통해서도 실질과세를 구현한다는 사실이다. 법인세법 시행령 제19조(손비의 범위), 제19조의2(대손금의 손금불산입), 제43조(상여금 등의 손금불산입), 제50조(업무와 관련이 없는 지출)는 사실상 부당행위계산부인과 같은 내용[26]을 규정하고 있다. 또 법인세법은 상증세법보다 앞서 부당행위계산부인 규정에서 제한적이나마 포괄주의 과세 규정을 두고 운영하였다.

> **법인세법 시행령 제88조(부당행위계산의 유형 등)** ① 9. 기타 제1호 내지 제8호에 준하는 행위 또는 계산 및 그 외에 법인의 이익을 분여하였다고 인정되는 경우(2001.12.31. 개정)

4) 상증세의 실질과세

상증세법 실질과세는 실질과세 원칙을 부과 처분의 직접적인 근거 법령으로 삼지 않는다. 실질과세 원칙을 법 제2조 제4항으로 규정하던 때에는 법 제2조 제3항을 과세 법령으로 하도록 규정하였고, 법 제4조의2에 실질과세 원칙을 두던 때에는 상증세법 전체 과세 규정을 과세 근거 법령으로 삼도록 규정하였다.

또 상증세법은 2004.1.1. 이후 증여의 개념을 종전과 달리 하였으므로 세법 중 유일하게 특수관계자 외의 자 거래에 대해서도 경제적 실질 이익이 있다면 증여세를 부과하고 있다.

상증세법이 규정하던 실질과세의 가장 큰 특징은 이전에 없던 완전포괄주의 과세를 의도하고 있다는 사실이다. 그렇지만 단순히 실질과세 규정을 두는 것만으로 포괄주의 과세를 시행한 것이 아니라 기존의 의제 규정을 모두 예시 규정으로 바꾸는 등 세법 개정을 병행하였다. 완전포괄주의란 조세회피행위에 대한 예외 없는 과세를 의

---

26 이들 규정은 일반규정이지만 사실상 특수관계자 거래에서 주로 발생하는 사항을 규정하고 있다.

도하는 것이지만 헌법 이념인 조세법률주의에 충실하기 위한 노력도 꾸준히 수반된 것이다.

또 상증세법은 의제 규정을 예시 규정으로 변경하면서 법문의 술어를 '~본다'에서 '~한다'로 변경한다. '~본다'라는 술어는 세법에서 오랫동안 사용해 오던 의제(부당행위계산부인, 간주, 특례 포함)를 지칭하는 용어이다. 의제로 해석되는 규정은 반대의 사실이 증명되었다고 해서 번복되는 것이 아니므로 반드시 법령으로 규정되어야 하는 제약이 따른다. 상증세법이 관련 법령의 술어를 변경한 것은 이러한 의제라는 규정적 제한에서 벗어나기 위한 것이었는데 이런 과정에서 완전포괄주의와 관련한 법문의 술어 '~한다'의 용례가 처음으로 형성되었다.

〈조문 비교표-예〉

상속세 및 증여세법(2003.1.1.)		상속세 및 증여세법(2004.1.1.)	
조항(제목)	조문	조항(제목)	조문
제33조(신탁의 이익을 받을 권리의 **증여의제**)	① 신탁계약에 의하여 위탁자가 타인을 신탁의 이익의 전부 또는 일부를 받을 수익자로 지정한 경우에는 다음 각호의 1에 규정하는 경우에 신탁의 이익을 받을 권리를 증여한 것으로 **본다**.	제33조(신탁이익의 **증여**) 〈개정 2003.12.30.〉	① 신탁계약에 의하여 위탁자가 타인을 신탁의 이익의 전부 또는 일부를 받을 수익자로 지정한 경우에는 다음 각호의 1에 규정하는 경우에 신탁의 이익을 받을 권리의 가액을 수익자의 증여재산가액으로 **한다**.

제37조(토지 무상사용권리의 **증여의제**)	① 건물(당해 土地所有者와 함께 居住할 目的으로 所有하는 住宅을 제외한다)을 소유하기 위하여 특수관계에 있는 자의 토지를 무상으로 사용하는 경우로서 대통령령이 정하는 경우에는 당해 토지무상사용이익을 토지소유자로부터 증여받은 것으로 **본다**.	제37조(부동산무상사용에 따른 이익의 **증여**) 〈개정 2003.12. 30.〉	① 특수관계에 있는 자의 부동산(당해 부동산 소유자와 함께 거주하는 주택과 그 부수토지를 제외한다)을 무상으로 사용함에 따라 대통령령이 정하는 이익을 얻은 경우에는 당해 이익에 상당하는 금액을 부동산무상사용자의 증여재산가액으로 **한다**.
제42조(기타의 **증여의제**)	② 제1항·제3항 또는 제33조 내지 제41조의5에 준하는 것으로서 제3자를 통한 간접적인 방법으로 재산이 사실상 무상으로 이전된 경우에는 당해 재산을 이전받은 자가 그 이전받은 때에 제3자를 통하여 당해 재산을 이전한 자로부터 대통령령이 정하는 재산가액을 증여받은 것으로 **본다**.	제42조(기타이익의 **증여 등**)	① 제33조 내지 제41조, 제41조의3 내지 제41조의5, 제44조 및 제45조의 규정에 의한 증여외에 다음 각호의 1에 해당하는 이익으로서 대통령령이 정하는 기준 이상의 이익을 얻은 경우에는 당해 이익을 그 이익을 얻은 자의 증여재산가액으로 **한다**.

※ 이 표는 법령 일부 내용만 제시하고 있으나 상증세법의 의제 조항 제33조부터 제42조의3까지 모든 조문의 서술문이 위와 동일한 방식으로 변경되었다.

상증세법이 비록 의제 규정을 예시 규정으로 변경하였음에도 과세 대상 범위를 제한하지 않을 뿐 과세 규정은 여전히 의제 조항에 두고 있다. 그리고 특수관계법인과의 거래를 통한 이익의 증여의제(제45조의3), 특수관계법인으로부터 제공받은 사업기회로 발생한 이익의 증여의제(제45조의4) 특정 법인과의 거래를 통한 이익의 증여의제(제45조의5) 등 여전히 많은 부분을 의제 방식으로 과세하고 있다. 이러한 의제 조항은 완전포괄주의 시행 초기에 없던 법령으로써 2011년 이후 차츰 신설되었는데 이들 법령이 모두 과세 대상 금액을 산출하는 규정이다. 상증세법에서 의제 조항은 갈수록 늘어난다는 사실은 표면적으로는 법령 규정의 결함을 보완하는 것이지만 완전포괄주의 과세가 위축되는 것을 의미한다.

상증세법이 완전포괄주의로 전환하면서 국세기본법의 실질과세 규정과는 다른 독자적 과세 원칙을 규정한 것이 제2조 제4항 상증세법 실질과세 원칙이다. 이 조문은 2013.1.1. 개정에서 다시 제4조의2로 별도 조문에 신설하고 조문 제목을 '경제적 실질에 따른 과세'라고 이름을 붙였다.

> **상속세 및 증여세법 제4조의2(경제적 실질에 따른 과세)** 제3자를 통한 간접적인 방법이나 둘 이상의 행위 또는 거래를 거치는 방법으로 상속세나 증여세를 부당하게 감소시킨 것으로 인정되는 경우에는 그 행위 또는 거래의 명칭이나 형식에 관계없이 그 경제적 실질 내용에 따라 당사자가 직접 거래한 것으로 보거나 연속된 하나의 행위 또는 거래로 보아 이 법에서 정하는 바에 따라 상속세나 증여세를 부과한다. [본조신설 2013.1.1.]

5) 국제조세의 실질과세

국제조세법은 정상가격, 정상원가분담액, 제3자 개입 거래, 특정외국법인의 유보소득 배당간주, 국외 증여에 대한 증여세 과세특례 등 국조법에 입법된 별도 과세 규정에 따라 실질과세 적용이 이루어지도록 하고 있다. 이 법 역시 실질과세라고 해서 실질과세 원칙을 부과 처분의 근거 법령으로 삼지 않는다.

또 국제조세법이 비록 조세회피행위 방지를 목적으로 실질과세 원칙을 두고 있는 법률이라고 해도 조세회피행위 여부를 과세권자가 검열하지 않으며, 법령에 따라 실질과세를 적용하는 법적 실질 방식을 따른다. 그리고 모든 거래를 대상으로 실질과세를 적용하지 아니하고 국외 특수관계자(또는 특정법인) 간 거래에 한정하여 이를 적용한다. 즉, 특정 거래에 비록 조세회피가 발생하였다 하더라도 특수관계자가 개입되지 않으면 국제조세법을 적용하지 않는다.

2024년부터 시행하는 글로벌최저한세는 법률요건을 충족하는 경우 적정 세부담을 강제하는 사실상 의제 조항이며, 또 특정 외국법인의 유보소득 배당 간주 조항과 국외 증여에 대한 증여세 과세특례를 두고 있으므로 국제조세법은 부당행위계산부인, 간주, 특례 등 실질과세 모든 유형을 과세에 적용하고 있는 세법이다. 이처럼 국제조세법은 조세회피행위에 대하여 철저하게 의제 등 방식에 따라 과세하고 있으므로 상증세법의 완전포괄주의와는 구별된다.

세법이 국세기본법에 대하여 특별법이듯이 국세조세법은 세법에 대해서 특별법에 해당한다. 따라서 법인세법 및 소득세법의 부당행위계산부인이 국제조세법에는 적용되지 아니하며, 따라서 국제조세법은 소득세법이 부당행위계산 대상 소득에서 제외하는 이자·배당소득 등에 대해서 과세를 할 수 있다. 또 국제조세법은 정상가격산출방법(제7조) 배당가능한 유보소득 및 배당간주금액의 산출(제30조) 글로벌최저한세소득·결손의 계산(제66조) 등을 두어 과세소득의 산출을 과세권자의 재량에 맡기지 않고 모두 법령으로 규정하고 있다.

🄔 국세기본법과 세법의 대칭 관계

실질과세 원칙 조항은 국세기본법이 제정되기 전부터 세법에 있던 규정이다. 세법과 국세기본법이 각자 실질과세 원칙을 따로 두고 있던 때도 있었다. 지금은 국제조세법을 제외하면 다른 세법에서 실질과세 원칙조항은 사라졌다.

국세기본법은 국세에 관한 기본적인 사항과 공통적인 사항을 규율하는 법률이다. 국세기본법이 실질과세 원칙을 두고 있는 이유는 실질과세가 국세에 관한 기본적이며 공통적인 사항이기 때문이다. 세법이 소득금액 귀속의 실질과 소득금액 계산의 실질만 규정하고 있을 때는 국세 기본법도 이 두 가지 원칙만 규정했다. 상증세법이 상속세와 증여세에 대한 경제적 실질에 관한 규정을 신설하고 이 규정이 국제조세법에도 채택되자 국세기본법이 이를 제3항으로 신설하였다. 이렇듯 세법과 국세기본법은 상응 관계에 놓여 있으며, 세법의 실질과세와 국세기본법의 실질과세는 서로 대칭 구조를 이루고 있다. 따라서 국세기본법 제14조 각 항의 원칙과 세법 간의 대칭 관계를 살펴볼 필요가 있다.

1) 국세기본법 제14조 제1항과 세법

국세기본법 제14조 제1항은 소득 귀속의 실질을 규정한다. 소득 귀속의 실질은 실질과세의 원초적 유형이다. 조세범처벌법은 제정 시부터 허무인 명의를 이용하여 소득을 포탈한 경우는 과세는 물론 형사처벌 대상으로 규정하였다. 그때뿐만 아니라 사업자 명의대여를 통한 조세회피행위에 대해서는 지금도 매우 엄격한 처벌 대상이다.

조세범처벌법 제11조(명의대여행위 등) ① 조세의 회피 또는 강제집행의 면탈을 목적으로 타인의 성명을 사용하여 사업자등록을 하거나 타인 명의의 사업자등록을 이용하여 사업을 영위한 자는 2년 이하의 징역 또는 2천만원 이하의 벌금에 처한다. 〈개정 2015.12.29.〉
② 조세의 회피 또는 강제집행의 면탈을 목적으로 자신의 성명을 사용하여 타인에게 사업자등록을 할 것을 허락하거나 자신 명의의 사업자등록을 타인이 이용하여 사업을 영위하도록 허락한 자는 1년 이하의 징역 또는 1천만원 이하의 벌금에 처한다. 〈개정 2015.12.29.〉

한편, 상증세법은 주주 명의를 위장함으로써 조세를 회피하는 행위에 대해서도 대응하고 있는데 바로 상증세법 제45조의2 명의신탁 주식에 대한 증여의제 규정이다. 이 규정은 명의신탁이 확인되면 실질 증여가 아님에도 증여로 보아 명의신탁자에게 증여세를 부과한다. 이는 실질과세에 반하는 규정이다. 실질과세를 위해 반실질과세를 적용하는 것이다. 이렇듯 실질과세는 조세회피에 대한 대응과 과세를 목적으로 하는 것이지 실질 원칙의 일관된 준수를 내세우지 않는다. 조세범처벌법 제11조와 상속세 및 증여세법 제45조의2는 서로 다른 목적을 가진 법령이지만 타인 명의를 이용한 조세회피행위에 대한 대응이라는 점에서 같은 성격을 가진 규정이다.

이 두 법령의 또 다른 공통점은 '불가역성'이다. 아버지 계좌에서 아들 계좌로 자금을 이체하고 증여세 신고를 아니하였다고 해서 세법은 이를 조세회피로 보거나 아들에게 자금이 귀속되었다고 확정하지 않는다. 이 거래에는 아들 계좌에서 아버지 계좌로 자금이 다시 이체될 수 있는 가역성이 있기 때문이다. 그렇지만 명의를 대여한 행위 또는 명의를 신탁한 행위에서는 가역성이 있을 수 없다. 실지 사업자가 명의사업자에게 또는 명의신탁자가 명의수탁자에게 재산이나 소득을 다시 귀속시키는 가역성이 존재한다면 그건 애초에 명의대여나 명의신탁이 아닌 경우라야 가능하다. 그러므로 국세기본법 제14조 제1항이 규정하는 소득 귀속의 실질이란 소득의 일시적 귀착이 아닌 불가역적 귀속을 의미하며, 제1항이 규정하는 실질과세 원칙은 명의대여와 명의신탁 행위에 대한 대응 과세로서 세법과 대칭되고 있다.

2) 국세기본법 제14조 제2항과 세법

제2항은 과세표준 계산의 실질을 규정하는 원칙조항이다. 이전 법인세법과 소득세법에서 소득금액 계산의 실질로 각각 규정하던 조항이 국세기본법에 신설되면서 과세표준 계산의 실질 규정이 된 것이다.

과세표준은 과세 규정을 둔 12개 세법, 전 세목을 포괄하는 모든 세법의 공통 용어다. 그리고 조세회피행위는 과세표준 계산에서 가장 빈번하게 그리고 매우 다양하게 발생한다. 그러므로 제2항은 조세 행정 실무에서 가장 광범위하게 적용되는 실질과세 원칙이며, 대부분의 실질과세는 과세표준 계산의 실질을 말한다. 이런 이유로 제2항의 규정 내용과 대응하는 세법 규정이 따로 존재하지 않는다. 제2항과 관련해서는 실제적 사실에 대해 세법의 여러 다양한 일반규정을 직접 적용함으로써 실질과세를 구현하므로 제2항은 세법 법령을 통해 국세기본법과의 대칭 구조가 구체적으로 확인되지 않는 특징을 갖는다.

3) 국세기본법 제14조 제3항과 세법

제2항이 세법 일반규정이 적용되는 실질과세 원칙이라면 제3항의 원칙은 각 세법이 규정하는 부당행위계산부인, 의제, 간주, 특례 등 실질과세 전용 조항을 적용함으로써 실질과세가 이루어진다는 점에서 차이가 크다.

제3항과 관련 법인세법은 부당행위계산부인 규정만 두고 있다. 소득세법은 기장의무가 부여된 사업소득과 기타소득에 대해서는 부당행위계산부인을 적용하고, 양도소득에 대해서는 부당행위계산부인과 양도소득의 필요경비계산특례를 두고 있다. 상증세법에서는 의제규정이 이에 해당한다. 국제조세법은 부당행위계산부인, 간주, 특례규정을 두고 있다.

이러한 실질과세 조항들은 제3항은 물론 세법의 실질과세 원칙이 있기 전부터 세법이 운용해 오던 실질과세 규정이며, 이들은 모두 특수관계자 거래에 한정하여 적용하는 법령이다. 특수관계자 외의 자와의 거래에 대해 실질과세를 적용하는 법령은 상증세법이 유일하다.

세법은 특수관계자 거래에는 의도적 조세회피가 발생할 개연성이 높다고 가정한다. 이러한 관점은 세법 제정 시부터 지금까지 변함없이 지켜온 세법의 오래된 강령이다. 특수관계자가 아닌 당사자 간에는 이해관계가 대립한다고 보아 의도적인 조세회피가 발생할 여지가 없다고 보고 있다.

세법의 이러한 근본 이해는 경제상의 자유와 창의를 존중하는 헌법 이념에 순응하는 태도이다. 또 실질과세라는 불확정적 개념에 의한 주관적 판단을 특수관계자 외의 거래에까지 제한 없이 확대한다면 경제상의 자유를 침해하거나 자유로운 경제 활동을 왜곡시키게 됨으로써 헌법 정신에 반하는 결과가 초래된다고 보는 것이다.

5 사실 범주별 실질과세의 의의

1) 실제적 사실에 의한 실질과세

실질과세의 사실 범주는 실제적 사실과 법적 사실로 구분된다. 현실에 있어서 실질과세는 대부분 실제적 사실 확인을 통해서 이루어진다. 앞서 부자간 부동산 매매에서 '대금의 지급이 없었다'는 사실에 근거하여 취득자에게 증여세를 부과하는 것이 바로 실제적 사실에 의한 실질과세다. 실제적 사실의 판단은 사실을 의제 하거나 간주하는 등 주관의 개입이 없는 '있는 그대로'의 사실을 말한다.

또한 현실에 있어서 실제적 사실의 적용은 사업자가 계상한 수익과 비용의 '그 명칭'을 놓고 확인하는 일, 즉 기장의 적정성을 검증하는 일이 대부분이다. 이런 과정을 통해 사업자가 제품을 매출하고 세금계산서를 발행하지 않았다든지 실제 매입하지 아니한 세금계산서를 받아 필요경비로 공제한 경우라면 이러한 수입의 누락과 비용을 과다하게 계상하는 등 부적절하게 기록한 장부상 과세표준을 부인하여 부가가치세, 소득세 또는 법인세와 법인 대표이사에 대한 소득세를 부과하는 일이 바로 실질과세다.

아파트를 거래하는 경우로서 매입자가 취득한 아파트를 나중에 다시 처분할 때까지 '1세대1주택' 비과세 요건을 갖출 자신이 있다면 흔히 말하는 '다운계약서' 작성이 이루어질 수 있다. '다운계약서'는 양도자에게는 양도소득세를 취득자에게는 취득세를 줄일 수 있는 선택 대안이 되기 때문이다.[27]

그런데 세법은 이러한 거래에 대하여 실질과세 원칙이나 원리에 따라 과세권자에게 적용 여부를 판단하도록 위임하지 않고 이러한 사실을 예정해서 창설해 놓은 세법 일반규정을 적용하도록 해 놓아 이

---

27 소득세법과 취득세 규정은 매매계약서를 거래 증빙으로 인정하고 있어 매매계약서에 의한 조세회피가 가능해진다. 다만, 과세권자는 신고 내용을 선별하여 실지거래가액을 소명할 것을 요구할 수 있고 이러한 과정에서 과소신고 세액을 추징할 수 있다. 소득세법 시행령 제169조 참조.

를 적용하도록 하고 있다.[28] 이러한 과세는 실질과세 원칙에 따른 과세가 아니라 세법 일반규정에 따른 과세지만 거래의 실질이 그러하며, 비록 세법 일반규정이라고 하더라도 각 규정의 법리가 실질과세 원리에 따라 구성되어 있어 실질과세가 적용되는 것이다.[29] 그러므로 실질과세는 반드시 세법 규정에 근거하여 실현되는 것이며 국세기본법이나 실질과세 원칙에 따라서 과세를 하는 경우가 있을 수 없다.

또 실제적 사실은 바로 경제적 가치를 증가시키는 것을 말한다. 경제적 가치와 실제적 사실은 등치관계를 갖는다.[30] 사업자는 이익이 과대 계상되는 경우보다 그 반대의 경우를 선호하며, 매출의 누락과 매입의 과대는 항상 이익의 과소계상으로 이어진다. 이처럼 사업자에게 실제적 사실을 적용하여 세액을 부과한다는 것은 경제적 가치를 증가하는 사실에 대한 과세다. 따라서 실제적 사실에 의한 실질과세는 본질적으로 경제적 실질에 따른 과세를 말한다.

또한 실제적 사실에 따른 과세는 모든 경우 과세 표준계산의 변경으로 이어지며 변경은 증액과 감액을 모두 포함한다. 모든 거래는 짝

---

28 부가가치세법은 매출세액은 세금계산서가 아닌 실지 공급가액을 기준으로 계산하도록 하며, 매입세액은 실제 매입 가액이 아닌 매입 세금계산서 가액 또는 사업 관련성을 기준으로 세액을 공제하도록 규정하고 있다(부가가치세법 제29조 및 제38조 제39조 참조). 또한 소득세법은 계약서상 금액이 아니라 실지거래가액을 양도가액으로 규정함으로써 양도소득세 실질과세가 적용된다(소득세법 제96조 참조). 사실이 이러함에도 몇몇 판례와 판례를 신봉하는 이들은 세법이 아닌 과세권자가 직접 실질과세 원칙의 적용 여부를 판단함으로써 실질과세를 적용한다는 그릇된 주장을 펴고 있다.

29 만약 특정 세법 규정을 적용함으로써 실질과세 원리에 배치되는 결과가 산출된다면 그런 세법 규정은 위헌성을 가진 규정이라고 볼 수 있다.

30 명의 위장이나 명의신탁을 이용하는 경우라면 오히려 반대의 효과를 예정하거나 기대할지도 모른다.

을 이루므로 한쪽이 증가하면 거래 상대는 감액되기 마련이다. 이같이 수익의 누락과 비용의 과대 계상으로 대표되는 실제적 사실에 의한 실질과세는 실질과세가 구현되는 가장 보편적인 방식이다.

2) 법적 사실에 의한 실질과세

법적 사실은 실제적 사실을 다른 사실로 바꾸어 놓은 사실, 즉 법으로 정한 사실이라는 뜻이다. 일반적으로 의제와 간주 등 방식으로 세법이 규정하는 사실을 말한다.

세법은 의제와 간주 등을 특수관계자 거래에서만 적용한다. 그러므로 법적 사실은 특수관계자 거래에 대하여 세법이 의제하고 간주함으로써 사실을 변형하여 과세한다는 뜻이다. 변형은 거래를 변형하는 뜻이 아니라 변형된 세법을 적용한다는 말이다. 변형된 세법이란 각 세법이 규정하는 부당행위계산부인, 의제, 간주, 특례 조항이다.

그러므로 실질과세는 일반세법을 적용하는 실질과세와 변형된 세법을 적용하는 실질과세로 구분되며, 전자는 실제적 실질, 후자를 법적 실질이라고 한다. 전자는 모든 거래에 적용하고, 후자는 특수관계자 거래에 한정하여 적용하는 차이가 있다.

실제적 사실과 법적 사실은 모두 일반세법과 변형된 세법을 적용하여 과세하므로 실질과세는 모든 경우가 법적 실질과세[31]가 된다. 그러므로 실질과세라고 하더라도 세법에 과세 규정이 없다면 과세할 수 없다. 법적 사실에 적용되는 변형된 세법 각각의 특징을 살펴보자.

---

31 이 책은 법적 실질을 '법적 사실에 대하여 세법을 적용한다'는 뜻으로 쓰기도 하고, 모든 '실질과세는 세법 법령에 따라 적용한다'는 뜻을 지닌 '법적 실질과세'라는 서로 다른 두 가지 뜻으로 쓰고 있다. 자칫 개념의 혼란이 있을 수 있으므로 이 둘을 잘 구분할 필요가 있다.

가. 부당행위계산부인

부당행위계산부인은 특수관계자 간 거래로서 고저가 양수도 거래가 가장 대표적인 과세 유형이다. 그 밖에 특수관계자로부터 무수익, 불량자산의 취득, 특수관계자에게 금전 또는 자산 등의 무상 대여 등이 일반적인 법률요건이다.

부당행위계산부인은 법인세법과 소득세법이 각각 규정하고 있는데 법령의 기본 요건은 모두 같다. 부당행위계산부인은 시가를 기준으로 과세 여부 등이 결정되므로 시가를 어떻게 파악하고 적용하는지가 관건이 되며, 과세권자는 특수관계자 거래를 통해 조세 부담의 부당한 감소가 발생했다는 사실 요건을 입증해야 하는 의무가 따른다.

나. 의제

현행 세법에서 의제 규정을 두고 있는 법률은 상증세법이다. 의제는 부당행위계산부인과 달리 사실 요건을 입증할 필요가 없는 대신 법률요건 충족 여부가 과세 쟁점이 된다. 상증세법은 특수관계법인과 특정 법인과의 거래에서 발생하는 경제적 이익을 과세 대상으로 삼고 있다. 의제 조항은 증여세 완전포괄주의가 시행되던 2004년에는 명의신탁 증여의제 조항만 남아 있었는데 2011년 이후 점차 늘어나고 있다. 상증세법의 의제 조항은 완전포괄주의 과세가 후퇴하는 과정에서 남겨진 자취로 보고 있다.

다. 간주

국제조세법은 특정외국법인 유보소득 배당간주 규정을 두고 있다. 간주 규정 역시 의제와 마찬가지로 사실 요건은 과세요건이 되지 않으며 법률요건만으로 과세요건 충족 여부를 판단한다. 이처럼 변형된 세법은 법률요건과 사실 요건을 모두 충족해야 하는 일반세법과 다른 방식으로 법령이 구성되어 있다. 간주는 주로 미실현 소득에 대한 과세에 적용하는 과세 방식이다.

라. 특례

부당행위계산부인과 의제, 간주 규정은 모두 예외적 과세를 목적으로 입법된 법령임에 비해 특례는 과세 목적과 과세 제외 혹은 유예의 목적을 모두 가지는 규정이다. 과세 목적의 특례는 소득세법의 '양도소득의 필요경비 계산 특례'(제97조의2)가 있고, 국제조세법의 '국외증여에 대한 증여세 과세특례'(제35조)가 있다. 이들 특례 조항 역시 법률요건 충족만으로 과세요건이 성립한다.

⑥ 세법 일반규정 적용에 의한 실질과세

이 책은 지금까지 법적 사실에 적용되는 변형된 세법, 즉 실질과세 전용 세법을 중심으로 논의를 전개해 왔다. 변형된 세법은 제3항과 관련하여 실질과세에 관한 가장 많은 오해와 논란을 불러일으키는 진원이 되고 있으므로 이에 대한 비중을 높인 것이다.

하지만 앞서 언급하였던 바와 같이 가장 보편적인 실질과세는 변형된 세법을 적용하는 법적 사실에 따른 실질과세가 아니라 실제적 사실에 따른 실질과세이며, 실제적 사실에 대해서는 변형된 세법이 아닌 세법 일반규정을 적용함으로써 실질과세를 실현한다. 그렇다면 세법 일반규정 역시 실질과세 전용 세법과 다를 바 없는 실질과세 효과를 발휘한다는 뜻이다.

물론 세 효과의 직접적 원인은 법령이 아니라 확인된 실제적 사실이지만 일반세법 역시 실질과세 원리에 따라 규정되어 있으므로 그러한 과세가 가능해진다. 그러므로 실질과세를 제대로 이해하기 위해서는 변형된 세법에 대한 이해보다 오히려 세법 일반규정 적용에 의한 실질과세 적용 원리에 대한 이해가 더 중요하다.

세법 일반규정을 적용하는 실질과세는 크게 두 가지 유형으로 구분된다. '귀속 연도와 세목과 소득 종류를 변경하는' 실질과세, '귀속 연도와 세목과 소득 종류를 변경하지 아니하는' 실질과세가 그것이다.

1) 귀속 연도 등을 변경하는 실질과세

귀속 연도와 세목과 소득 종류를 변경하는 실질과세는 대체로 거래의 원인과 결과를 변경하는 실질과세를 말한다. 대금의 지급이 없는 부자간 부동산매매거래가 대표적 사례다. '대금의 지급이 없었다'라는 실제적 사실에 근거함으로써 거래의 원인을 매매에서 증여로, 거래의 결과를 '양도차익'이 아닌 '증여 이익'으로 변경하였다. 그리고 과세에는 세법 일반규정을 근거 법령으로 하여 적용하였으므로 법적 실질과세에 해당한다. 그리고 이러한 실질과세는 자산의 무상 이전이라는 경제적 실질을 과세 대상으로 한 것이다. 이러한 사실과 관련된 일반적 적용 사례와 실질과세 효과를 살펴보자.

가. 귀속 연도의 변경

소득세법은 양도한 자산의 양도 시기를 대체로 대금을 청산한 날로 정의하고 있다. 그런데 과세권자가 실지 대금을 청산한 날과 다르게 그 이후 혹은 이전 일자를 대금 청산일로 하여 1세대1주택을 적용한 사실을 확인하였다면 양도소득의 귀속 사업연도가 달라질 수 있다.

귀속 연도가 달라진다면 1세대1주택을 적용하는 거주요건 또는 주거 요건이 달라져 1세대1주택을 적용받지 못할 수 있다. 또 대금을 청산한 날을 기준으로 할 때 실질 거주 기간이나 보유기간이 달라져 그렇게 될 수도 있다. 귀속 연도의 변경으로 필요경비 및 소득금액과 세액의 공제 방식 등이 달라 세금이 부과되기도 한다.

이렇게 귀속 연도라는 실제적 사실을 적용함으로써 세액의 변동이 생기는 근본적인 이유는 실질과세가 조세법률주의에 따른 과세로서 거래의 성격과 과세요건이 법령으로 규정되어 있고, 반복적인 개정으로 세법은 특정 거래에 적용되는 법률요건을 귀속 연도별로 서로 다르게 규정하고 있기 때문이다. 이처럼 실질과세는 조세법률주의를 기반으로 하여 작동되는 과세 원리이며, 실질이란 바로 '징수권자의 주관'에 의하여 구성된 세법 규정을 말하는 것이다.[32]

> **소득세법 제98조(양도 또는 취득의 시기)** 자산의 양도차익을 계산할 때 그 취득시기 및 양도시기는 대금을 청산한 날이 분명하지 아니한 경우 등 대통령령으로 정하는 경우를 제외하고는 해당 자산의 대금을 청산한 날로 한다.[33] 이 경우 자산의 대금에는 해당 자산의 양도에 대한 양도소득세 및 양도소득세의 부가세액을 양수자가 부담하기로 약정한 경우에는 해당 양도소득세 및 양도소득세의 부가세액은 제외한다.

나. 세목의 변경

세목의 변경은 곧 소득 종류의 변경과 관련되어 있다.

---

32 '주석 20' 참조.

33 대금을 청산한 날이 분명하지 아니한 경우에는 등기부·등록부 또는 명부 등에 기재된 등기·등록접수일 또는 명의개서일, 대금을 청산하기 전에 소유권이전등기(등록 및 명의의 개서를 포함한다)를 한 경우에는 등기부·등록부 또는 명부등에 기재된 등기접수일, 기획재정부령이 정하는 장기할부조건의 경우에는 소유권이전등기(등록 및 명의개서를 포함한다) 접수일·인도일 또는 사용수익일중 빠른 날로 한다(소득세법 시행령 제162조 참조).

소득세법은 소득의 구분을 종합소득, 퇴직소득, 양도소득으로 분류한다.

실질과세를 적용함으로써 소득세법의 분류과세 세목 간의 변경이 발생할 여지는 많지 않다. 논리상 퇴직소득과 근로소득 간 세목 변경이 가능해 보이지만 이 두 가지 세목의 변경이 이뤄진다고 하더라도 사례는 대부분 실제적 사실에 따른 변경이라기보다 퇴직소득 산출의 오류 또는 퇴직금의 임의 지급과 관련된 것이다.

또 시가 5억 원 아파트를 10억 원에 자녀로부터 취득하는 경우는 '대금의 지급이 시가보다 높다'라는 실제적 사실에 따라 자녀에게 증여세를 부과할 수 있지만 세목의 변경이 이루어지지는 않는다.[34]

따라서 실제적 사실에 따라 과세 세목이 변경되는 경우는 양도 거래를 위장한 무상 거래뿐이다. 이러한 무상 거래는 특수관계자 거래에서 주로 발생하고 있지만 의제 규정이 아닌 실제적 사실을 적용하여 과세하므로 세법 일반규정[35]을 적용받는다.

상증세법은 배우자 또는 직계존비속 간에 이루어진 양도 거래에 대해서는 증여로 추정하므로 반드시 거래 사실을 소명하게 되며, 이 과정에서 실제적 사실에 의한 실질과세가 적용되고 있다.

> **상속세 및 증여세법 제44조(배우자 등에게 양도한 재산의 증여 추정)** ① 배우자 또는 직계존비속(이하 이 조에서 "배우자등"이라 한다)에게 양도한 재산은 양도자가 그 재산을 양도한 때에 그 재산의 가액을 배우자등이 증여받은 것으로 추정하여 이를 배우자등의 증여재산가액으로 한다.

---

34 이런 유형의 고가 거래는 양도소득세 부담이 커 실지 거래 사례가 많지 않다.

35 상증세법 제4조를 말한다.

다. 소득 종류의 변경

소득세법은 사업소득과 기타소득을 구분하고 있고, 기타소득은 다시 최소 60% 필요경비를 인정받을 수 있는 기타소득과 그 외 실질경비만을 인정해 주는 기타소득으로 구분된다.

건물을 임차하여 10년간 개인사업자로 장례식장을 운영하다가 경매를 통해 건물을 낙찰받은 후 장례식장과 건물을 동시에 양도하였다면 건물에 대해서는 양도소득세를 부담하고 장례식장 양도에 대해서는 사업상 권리(영업권)를 양도한 것으로 보아 기타소득으로 보아 신고할 수 있다. 그리고 영업권 양도에 따른 소득은 최소 필요경비 60%를 적용받을 수 있다.

그런데 이러한 납세자의 신고를 부인하고 장례식장 양도를 사업소득으로 보아 소득세를 부과한 사례가 있다. 과세권자는 건물의 취득자가 취득한 장례식장을 개축하여 호텔로 운영 중인 사실을 과세 사유로 들었다. 양도인은 장례식장이 호텔로 개축된다는 사실을 알고 있었다는 사실이 매매계약서에서 확인되므로 영업권은 양도 당시 존속하지 아니하는 권리였다는 것이 과세 이유다.

이러한 과세는 장례식장 양도 당시 영업권이 사실상 소멸하였다는 실제적 사실에 따라 양도차익을 납세자가 신고한 기타소득에서 사업소득으로 변경하게 된 것이다. 하지만 과세권자가 적용한 이러한 실제적 사실은 사실요건을 충족하였는지 또는 실제적 사실이 그러한지가 논란이 될 수 있다. 따라서 이러한 사례는 많은 경우 사실 판단의 진위를 놓고 다투는 불복 청구로 이어지게 된다.

시아버지 회사로부터 급여를 받았으나 근로를 제공한 사실이 없다면 이러한 경우에도 며느리가 받은 소득의 종류는 근로소득에서 기타소득[36]으로 변경된다. 며느리가 명목상 근로자로 등재되어 있다고 하더라도 실제 근로를 제공한 사실이 없다면 근로소득으로 보지 않기 때문이다.

이러한 부과 처분은 모두 세법 일반규정인 소득세법 제20조와 제21조에 따른 실질과세이며, 이 역시 조세법률주의에 의한 실질과세의 대표적 사례로서 이러한 실질과세가 바로 실제적 사실에 의한 실질과세로서 법적 실질과세이다.

> **소득세법 제20조(근로소득)** ① 근로소득은 해당 과세기간에 발생한 다음 각 호의 소득으로 한다.
> 1. 근로를 제공함으로써 받는 봉급·급료·보수·세비·임금·상여·수당과 이와 유사한 성질의 급여

> **소득세법 제21조(기타소득)** ① 기타소득은 이자소득·배당소득·사업소득·근로소득·연금소득·퇴직소득 및 양도소득 외의 소득으로서 다음 각 호에서 규정하는 것으로 한다.
> 7. 광업권·어업권·양식업권·산업재산권·산업정보, 산업상 비밀, 상표권·영업권(대통령령으로 정하는 점포 임차권을 포함한다), 토사석(土砂石)의 채취허가에 따른 권리, 지하수의 개발·이용권, 그 밖에 이와 유사한 자산이나 권리를 양도하거나 대여하고 그 대가로 받는 금품
> 13. 거주자·비거주자 또는 법인의 대통령령으로 정하는 특수관계인이 그 특수관계로 인하여 그 거주자·비거주자 또는 법인으로부터 받는 경제적 이익으로서 급여·배당 또는 증여로 보지 아니하는 금품

---

36 최소 60% 필요경비를 인정받는 기타소득이 아닌 실지 필요경비를 적용받는 기타소득이다.

2) 귀속 연도 등을 변경하지 아니하는 실질과세

귀속과 세목과 소득의 종류를 변경하지 아니하는 실질과세는 거래의 원인과 결과를 변경하는 사실 없이 과세표준만을 변경하는 과세의 일반 절차를 말한다. 이러한 세법 일반규정은 세법 별로 각각 다르게 규정하고 있다. 이와 관련한 일반적 적용 사례와 실질과세 효과를 세목 별로 살펴보자.

가. 법인세법

법인의 소득은 사업연도별 익금의 총액에서 손금의 총액을 뺀 금액으로 계산한다. 이를 흔히 순자산이라고 한다. 순자산은 회계적 용어로서 자산에서 부채를 뺀 금액이다. 그렇지만 회계기준이 정하는 자산 또는 부채의 개념과 법인세법의 자산 또는 부채의 개념이 같지 않다. 따라서 세법은 자산 또는 부채라고 하지 않고 익금 또는 손금이라고 한다.

가령, 자기주식을 회계기준에서는 자본의 차감 항목으로 정하고 있으나 법인세법은 자산 항목으로 분류한다. 이러한 차이는 회계기준과 법인세법의 목적이 서로 달라서 발생한다. 회계기준은 회계 원리에 따른 재무 정보를 투명하고 공정하게 제공할 목적으로 정해진 기준이며, 법인세법은 공정한 납세가 우선적 기준이다.

공정납세 원칙은 사업자의 자의적 선택으로 인한 소득금액 변동을 허용하지 않으려는 경향을 띤다. 그리고 이러한 공정납세 원칙은 실질과세 원칙과 함께 모든 세법의 공통 원칙이다. 또 공정납세의 속성은 때때로 실질과세 원칙과 충돌하기도 한다. 실질 지출 비용을 법인세 비용으로 인정하지 아니하는 법인세법의 여러 규정은 공정납세 원칙이 실질과세 원칙에 우선 적용된 경우다. 그러므로 법인세법은 실질과세 원칙과 반실질과세 원칙이 공존할 수밖에 없다. 하지만 세법이 실질과세의 원칙적인 준수를 목적으로 하는 법령이 아니라 '재정수입의 원활한 조달'을 목적으로 하는 법률이므로 실질과세든 반실질과세든 모두 법인 소득금액을 증액하는 세 효과를 나타내는 것이라면 이런 모순적 법령의 공존이 문제가 되지 않는다. 다만, 이러한 과세의 정당성은 조세법률주의 원리에 따라 법령으로 명시되어 있을 것을 필수 조건으로 한다.

이는 모든 세법의 일반적 원칙이다. 따라서 실질과세를 위해 세법을 적용한다는 뜻은 과세표준을 증액하기만 한다면 반드시 실질과세 규정일 필요도 없는 것이다. 예를 들어 실질과세를 적용하여 특정 비용을 접대비로 보아 결정하였다면 접대비는 실질적 관점에서는 비용이지만 법정 한도 초과 금액은 필요경비로 인정하지 아니하는 반실질과세 규정이므로 과세표준이 증액된다. 따라서 이 같은 경우는 반실질과세 규정을 적용함으로써 오히려 실질과세의 세 효과가 발휘되므로 세법 일반규정 적용을 통한 실질과세 효과를 확인하기 위해서는 반실질과세 규정까지 포함하여 살펴보아야 한다.

① 익금과 관련한 일반규정

법인세법 제5조는 '신탁재산에 귀속되는 소득에 대해서는 그 신탁의 이익을 받을 수익자가 그 신탁재산을 가진 것으로 보고 이 법을 적용한다.'라고 규정함으로써 소득 귀속의 실질 원칙을 반영하는 세법 일반규정을 두고 있다.[37]

---

37 세법은 조세 수입을 목적으로 하는 법률이므로 법인세법 제5조가 없다고 하더라도 명의자에게는 징수할 재산이 없으므로 마땅히 실질 귀속자에게 조세를 징수하려고 할 것이다. 그럼에도 법인세법이 제5조 규정을 두는 것은 법적 안정성

법인세법은 익금과 관련하여 '특수관계인인 개인으로부터 유가증권을 저가로 매입하는 경우 시가와 그 매입 가액의 차액'에 상당하는 금액을 익금 산입하는 규정을 두고 있다.[38] 유가증권의 이익은 매각되는 때 실현된다. 그런데 취득 단계에서 이루어지는 과세는 실현되지 않은 소득, 즉 실질의 관점에서는 반실질소득에 대한 과세 규정이다. 그렇지만 특수관계인 개인으로부터 유가증권을 저가에 매입하는 경우는 개인의 유가증권 양도소득을 회피하거나 개인 자산을 은닉하는 수단[39]이 될 수 있으므로 이를 방지하기 위하여 비록 미실현이익이라 할지라도 이를 취득 단계에서 과세하는 것이다. 이는 소유의 실질을 강제하기 위한 규정이라고 볼 수 있다.

또 법인세법 제16조는 배당금 또는 분배금의 의제 규정을 두어 주식의 소각 감자, 잉여금의 자본 전입을 '의제배당'으로 보아 과세하는 규정을 두고 있는데 이 조항은 소각, 전입 등 거래의 '그 명칭여하'에도 불구하고 거래의 실질이 배당에 해당하므로 비록 세법 일반규정이지만 실질과세 규정이 되는 것이다.

평가이익의 익금불산입을 규정하는 제18조는 평가이익이 미실현이익이므로 실질의 원칙에 따라 이를 익금에 반영하지 아니한다.

② 손금과 관련한 일반규정

법인세법은 회수할 수 없는 채권이라 하더라도 특수관계자에 대한

과 예측 가능성을 높이기 위한 것이다.

38 법인세법 제15조 참조.

39 이러한 거래는 유가증권 소유자 명의를 법인으로 바꾸는 것일 뿐 매도한 개인이 유가증권에 대한 사실상의 소유권(지배권)을 계속 보유하는 경우가 될 수 있기 때문이다.

가지급금에 대해서는 손금에 산입하지 아니한다. 특수관계자 거래를 이용한 소득세 등의 조세회피를 방지하기 위해서다.

자산 등의 평가손실은 미실현손실로서 실질의 원칙에 따라 이를 손금에 반영하지 아니하도록 규정하며, 특수관계자 가지급금과 관련한 지급이자도 손금에 산입하지 않는다.

비용의 업무 관련성 규정은 업무 범위와 관련된 실질과세 기준이며, 업무 무관 비용은 업무 영역 밖에 있는 비실질 비용이므로 비용에서 제외하고 있다.

불확정개념 혹은 있는 포괄적 예시 규정으로 볼 여지가 있는 업무 무관 비용 등과 같은 규정은 '그 명칭' 등에 관하여 실질과세 원칙을 적용함으로써 과세표준을 증액하는 가장 대표적인 세법 일반규정으로써 실무상 범용성이 매우 높은 규정이다.

기부금은 본질이 업무 무관 비용에 해당한다. 따라서 원칙적으로 손금에 산입하지 않는 비용이다. 하지만 기부는 사회적 공익성이 있으므로 예외적으로 비용으로 인정하고 있다. 그러므로 기부금의 손금 산입은 대표적인 반실질과세 규정으로서 국가 재정수입에도 반하는 규정이지만 기부문화 장려를 통해 재정 지출 억제 효과를 기대한다고 보아야 한다. 징수권자는 기부금 지출에 대해 기부의 실질 내용이 특례 기부금과 일반 기부금 또는 그 밖의 기부금에 해당한다고 판단하면 이를 손금불산입하거나 비용의 계산을 달리함으로써 과세표준을 증가하는 과세를 하게 되는 것이다.[40]

법인이 '지배주주와 특수관계에 있는 자인 임원 또는 직원에게 정

---

40 이러한 기부금에 대한 실질을 통하여 실질은 객관적 실체를 지칭하는 것이 아니라 징수권자의 주관적 가치개념이라는 사실을 재차 확인할 수 있다.

당한 사유 없이 동일 직위에 있는 지배주주 등 외의 임원 또는 직원에게 지급하는 금액을 초과하여 보수를 지급한 경우 그 초과 금액은 이를 손금에 산입하지 아니하는' 규정을 두고 있다.

이 조항은 비록 세법 일반규정이지만 부당행위계산부인과 다를 바 없는 규정이다. 이 규정 역시 실질을 적용함으로써 과세표준을 증액하는 적용에서 범용성이 높은 규정이다.

나. 소득세법

현행 소득세법이 규정하는 소득 중 실질과세를 적용하는 소득은 기장의무가 부여된 사업소득과 기타소득 그리고 양도소득이다. 세법 일반규정 적용을 통한 사업소득과 기타소득, 그리고 양도소득에 대한 실질과세 적용 방식과 효과를 살펴보기로 한다.

① 사업소득과 기타소득

소득세법도 법인세법과 마찬가지로 '신탁재산에 귀속되는 소득은 그 신탁의 이익을 받을 수익자에게 귀속되는 것으로 본다.'라고 규정함으로써 소득 귀속의 실질 원칙을 과세에 반영하는 일반규정을 두고 있다.

또 소득세법은 '사업 소득금액을 계산할 때 필요경비에 산입할 금액은 해당 과세기간의 총수입금액에 대응하는 비용으로서 일반적으로 용인되는 통상적인 것의 합계액으로 한다.'라고 규정하고 있다. '일반적으로 용인되는 통상적인 것'은 곧 실질의 기준에 따라 과세에 적용하는 규정이다. 소득금액 계산의 실질 원칙은 장부상 '그 명칭'을 기본 대상으로 한다.

기타소득 필요경비도 사업소득과 같은 방식으로 적용한다. 다만, 기타소득 중 광업권 등 양도 대가로 받은 기타소득의 필요경비는

60%를 일괄 적용하는데 이는 소득세법의 대표적인 반실질과세 규정이다.

소득세법이 규정하는 기부금을 필요경비로 산입하는 원리는 법인세법과 같다. 또 사업소득자에게 적용하는 기업업무추진비 필요경비 불산입 규정은 접대비 한도 초과액을 필요경비에서 제외하는 과세 원리와 같은 원리를 적용하며, 반실질과세 규정에 따라 실질과세 효과가 구현되도록 구성되어 있다.

② 양도소득

양도소득은 잠시 기준시가 과세를 원칙으로 규정하던 때가 있었다. 그런데 현행 소득세법은 '자산의 양도가액은 그 자산의 양도 당시의 양도자와 양수자 간에 실지거래가액에 따른다.'라고 규정한다. 양도소득세에 대한 실질과세는 바로 이 규정을 근거로 실현된다. 이처럼 실질과세는 조세법률주의 기반 위에서 운용되는 과세 원리다.

양도소득금액을 산출하는 데 실지거래가액을 능가하는 실질과세는 없다. 양도가액이 실지거래가액이면 취득가액을 포함하는 모든 필요경비도 실지거래가액이 적용된다. 계약서상 가액은 실지거래가액이 아니며, 실지거래가액은 대금의 지급 사실이 확인되는 가액을 말한다.

소득세법은 토지, 건물, 주택 등 주요 부동산의 기준시가를 산정하도록 규정하고 이를 활용하고 있지만 기준시가는 실질과세를 적용하기 위한 보조적 기능을 담당한다.

다. 부가가치세법

부가가치세법은 매출과 매입의 공급가액, 매입 세액의 공제, 거래 시기 등 적용에 있어 실질과세 원칙이 주로 적용된다.

부가가치세 매출액은 금전 대가를 과세표준으로 삼는다. 금전 대가가 확인되지 아니하는 경우 시가를 적용하며, 시가는 대체로 '특수관계인이 아닌 자와 해당 거래와 유사한 상황에서 계속 거래한 가격 또는 제3자 간에 일반적으로 거래된 가격'이 적용된다.

법인 사업자와 개인사업자의 총수입금액은 대부분 부가가치세 매출액, 즉 공급가액에 의해서 결정된다. 부가가치세 실질과세는 법인세와 소득세 실질과세와 직결되는 사전 과세 단계로서 부가가치세는 실질과세 적용 체계에서 매우 중요한 역할을 담당한다.

부가가치세 매입 세액은 실지 매입가액이 아니라 거래 징수 가액이 적용된다. 부가가치세법은 거래 전 단계에서 징수되지 아니한 세액은 공제하지 아니하는 전단계 매입세액공제 방식을 따르기 때문이다. 또 실지 대금의 지급이 없는 매입가액은 부가가치세 과세표준과 법인소득 및 개인 사업소득의 과세표준을 증액할 잠재적 여지를 남겨 두며, 실제적 사실 확인을 통해 잠재적 상태는 과세표준 증액으로 확정되고 있다.

실질과세의 궁극적 목적은 과세표준을 증액하는 데 있으므로 매입세액 불공제 규정은 실질과세 적용에서 중요한 요소이며, 매입세액공제는 '사업 관련성'을 기준으로 결정되고 있다. '사업 관련성' 역시 실질과세 적용에 있어서 범용성이 매우 높은 주제이다.

라. 상증세법과 국제조세법

상증세법의 과세 일반규정은 이전에는 모두 의제 규정이었다. 따라서 상증세법에서 실질과세 효과를 비교할 목적으로 일반규정과 의제 규정을 나누는 것은 의미가 없다. 오히려 일반규정의 실질과세 효과가 주된 비중을 차지하기 때문이다. 이처럼 상증세법은 세법 일반규정 적용에 의한 실질과세 효과를 가장 극명하게 드러내 보여주는 세법이다.

상증세법의 일반규정 적용 방식은 실질과세 원칙에 따라 제4조가 규정하는 증여세 과세 대상에 대하여 제33조부터 제42조의3까지 규정된 증여 유형별로 구분하여 제31조에 따라 증여재산 가액을 계산하도록 하고 있다. 제33조부터 제42조의3까지가 일반규정이며 이 규정들이 모두 포괄 과세 규정이다.

상증세법의 일반규정 적용에 의한 실질과세 또한 거래의 실질이 반실질과세 규정 또는 과세표준을 증액하는 특정 규정 적용 대상이라고 사실 판단을 함으로써 실질과세 효과가 발휘되도록 하는 과세 기법을 적용한다.

> **상속세 및 증여세법 제44조(배우자 등에게 양도한 재산의 증여 추정)** ② 특수관계인에게 양도한 재산을 그 특수관계인(이하 이 항 및 제4항에서 "양수자"라 한다)이 양수일부터 3년 이내에 당초 양도자의 배우자등에게 다시 양도한 경우에는 양수자가 그 재산을 양도한 당시의 재산가액을 그 배우자등이 증여받은 것으로 추정하여 이를 배우자등의 증여재산가액으로 한다. 다만, 당초 양도자 및 양수자가 부담한 「소득세법」에 따른 결정세액을 합친 금액이 양수자가 그 재산을 양도한 당시의 재산가액을 당초 그 배우자등이 증여받은 것으로 추정할 경우의 증여세액보다 큰 경우에는 그러하지 아니하다.
> ④ 제2항 본문에 따라 해당 배우자등에게 증여세가 부과된 경우에는 「소득세법」의 규정에도 불구하고 당초 양도자 및 양수자에게 그 재산 양도에 따른 소득세를 부과하지 아니한다.

국제조세법은 과세 규정 전체가 변형된 세법이므로 이 단락의 주제와는 무관한 법률이다.

제5장

실질과세와 관련한
오해와 편견

실질과세와 관련한 오해와 편견

1 법적 실질과 경제적 실질은 대립하는 개념이라는 주장에 대하여

상증세법은 2004년 기존의 증여세 과세 방식에서 벗어나 증여세 완전포괄주의 과세를 도입하면서 과세 대상을 제약 없이 확대할 수 있는 새로운 법적 사실을 도입하였는데 이러한 과세 방식을 '경제적 사실'에 의한 과세라고 명명하였다. 그리고 상증세법이 규정하는 경제적 사실은 모든 경제적 이익을 포괄하여 지칭하는 의미가 아니라 '상속 및 증여의 이익'에 한정[41]된 것이었다.

그러므로 상증세법이 규정하는 경제적 사실은 본질적으로는 법적 사실에 해당하는 것이며 새로운 법적 사실 또는 변형된 법적 사실로 보는 것이 합리적일 것이다. 법적 사실과 경제적 사실을 실질의 관점에서 표현하면 법적 실질 경제적 실질이다.

법적 실질과 경제적 실질이 서로 대립하는 개념이라는 주장은 주로 전문 연구자들이 주도적으로 제기해 왔다. 이들 주장은 경제적 실

---

41 2004년 개정 법률에서는 '증여이익'으로 한정하다가 2013년 개정 법률에서 상속의 이익까지 확대 되었다[상증세법 제2조 제3항(2003.12.30. 개정) 및 상증세법 제4조의2(2013.1.1. 개정) 참조].

질은 본질적이고 완전한 실질이고 법적 실질은 예외적 제한적 불완전한 실질이라는 주장을 편다. 이들의 주장은 제3항이 신설된 이후 증가했다.

전문 연구자들과 몇몇 판례의 또 다른 공통점은 이들은 자신들이 내세우는 주장의 근거에서 세법을 전적으로 배제하고 있다는 사실이다. 연구자들은 모두 문자주의적 해석 또는 과거 사례나 해외 사례, 경제학적 개념에서 실질과 경제적 실질에 대한 해답을 찾으려고 한다. 이들이 세법을 텍스트에서 제외하는 다른 어떤 이유가 있는지는 모르겠으나 세법에 대한 진입장벽 때문이지는 않을지 짐작해 본다. 만약 그렇다면 이들에게는 문자주의적 사변과 타성적 사례 비교 방식 외에는 개념에 접근할 수 있는 다른 진입 루트가 없는 셈이다. 제3항이 상증세법에서 연유되었다는 사실이라든지 경제적 실질이 증여세 상속세를 포괄적으로 과세하기 위한 논리였다는 세법의 역사적 경험을 모르는 것이다.[42]

이들은 법적 실질은 개념적으로만 존재할 뿐 실체가 없다고 말한다. 세법 그 어디에도 법적 실질은 존재하지 않으므로 법적 실질은 개념적으로만 유효하다는 것이다.

법적 실질이란 실질과세를 과세 법령으로 규정함으로써 과세에 적용하는 실질과세를 말한다. 따라서 이들 연구자는 법령 제목에 '실질'이라는 표기가 있거나 법령에 '실질과세를 적용하여'라는 식의 법문을 기준으로 법적 실질과세를 구분하는 것 같다. 그렇지만 안타깝게

---

[42] 만약 이러한 사실을 알고서도 이를 외면하거나 다른 주장을 편다면 경제적 실질 우선론자들은 타성적 주장을 반복하거나 의도적으로 과장된 의견을 내세운 것으로 볼 수밖에 없다.

도 세법의 법령은 이들이 생각하는 방식대로 구성되어 있지 않다. 법적 실질 조항으로 창설된 규정인 부당행위계산부인, 의제 등은 그 어디에도 '실질'이라는 표기가 없고 세법 일반규정을 더 말할 것도 없다. 이들은 법적 실질을 부정하는 것이 아니라 법적 실질이 무엇인지를 모르는 것이다. 그렇지 않고서야 버젓이 실정법으로 존재하며 납세 현장에서 일상적으로 적용되는 법적 실질을 없다고 할 수 없지 않은가.

법적 실질을 모르면 경제적 실질도 안다고 볼 수도 없다. 경제적 실질이란 과세 대상이 되는 '사실로서의 경제적 실질'이 있을 수 있고, 과세 효과로 나타나는 경제적 실질이 있을 수 있다. 또 경제적 실질이란 불완전 개념이므로 이를 과세 대상으로 삼을 수 없다는 관점에서 보면 개념적으로만 유효한 경제적 실질이 있을 수도 있는데 전문 연구자들은 자신들이 말하는 경제적 실질이 무엇을 말하는지가 분명치가 않고 이에 대하여 설명하는 대목이 전혀 보이지 않는다. 조세법 법리에 따른 경제적 실질이 아니라 단순히 문자가 전달하는 표면적 의미를 경제적 실질의 본질이라고 믿는 것 같다. 그렇다면 이들이 믿는 경제적 실질은 경제거래에서 수반되는 경제적 이익의 통칭을 말하는 것이 분명하다.

또한 이들은 법적 실질과 경제적 실질 간의 견해의 대립이 있다는 사실을 전제로 발언하고 있지만 그 대립이 구체적으로 어떤 내용을 구성하고 있는지가 분명하지 않다. 이들은 자신들이 내세우는 주장의 당위성을 연출하기 위해 견해의 대립이라는 상황을 작위적으로 설정했다는 생각도 든다. 세법을 모르는 관념론자 말고는 법적 실질을 부정하는 부류는 현실에서 존재하지 않는다.

그렇다면 이들은 2007년 제3항이 신설되면서 등장한 '경제적 실질'이라는 말에 어떤 매력을 느꼈는지 그게 무엇인지도 모르면서 처음부터 무턱대고 경제적 실질의 깃발을 앞세우고 출발한 건 아닌지 모르겠다. 순수한 학문적 동기라기보다 논쟁적 이슈가 될 만하고 상업적 성공을 기대해도 좋은 될성부른 재목감이라고 생각한 것 아닐까. 그렇지 않고서야 법적 실질을 모르면서 그에 대립하는 경제적 실질을 탐색하겠다고 나설 리가 없지 않은가. 또 이들은 자신들이 가지고 있는 얄팍한 선입견을 확장하거나 빈약한 근거만으로 관철하려고 들 뿐 진실 혹은 사실에 관해서는 관심이 없다. 만약 이들이 진실을 중요하게 여겼다면 다른 이에게 도움을 청해서라도 준수했어야 하는 기본 이해 선이해를 이처럼 무시하지 않았을 것이다.

이들 연구자가 내세우는 결론은 경제적 실질이 본질이고 법적 실질은 실체가 없는 개념적 실질이라는 분별이다. 하지만 세법이 말하는 경제적 실질은 기존의 법적 실질의 한계를 제한적으로 확장하는 의미가 있을 뿐 경제적 실질도 법적 실질의 한 유형이므로 법적 실질과 경제적 실질은 대립하는 개념이라기보다 상호 보완하는 개념이다. 또 법적 실질이든 경제적 실질이든 모두 경제적 사실을 과세 대상으로 삼는 것이지 법적 실질이라고 해서 경제적 효과가 아닌 것을 과세 대상으로 삼는 것도 아니다. 어떤 과세에 경제적 가치를 증액하는 변경이 없다면 그러한 과세는 실질과세가 아니더라도 원천적으로 부과 처분을 할 이유가 없고 처분도 불가능하다.

그리고 이들 주장처럼 경제적 실질이 본질적 실질이라면 그게 그렇다고 해서 조세 부과에서 무슨 의미를 갖고 어떻게 과세에 적용한다는 말인지를 설명하지 못한다면 무의미한 말이 된다. 경제적 실질은 불확정개념으로써 그 개념만 가지고는 과세에 적용할 수 없기 때문이다. 그러함에도 실질과세를 호도하는 이들의 터무니없는 주장은 여러 경우에 적잖은 영향을 미치고 있다.

② 국세기본법 제14조 제3항 신설과 관련한 논란과 오해

1) 개정취지문과 개정법률안

국세기본법 제14조 제3항은 2007.12.31. 신설되었다. 그동안 이 조항과 관련하여 적잖은 논란들이 있었다. 이 조항이 조세법률주의를 유보하는 실질과세 조항이라고 주장도 있고 그와 상반되는 주장도 있다.

국세기본법 제14조 제3항의 조문 신설과 관련 2008년 개정세법 해설서(국세청) '개정취지문'은 '국제거래를 이용한 공격적 조세회피(ATP), 신종 변칙 상속 증여, 파생금융상품·혼성회사(Hybrid Entity) 활용 등 최근 조세회피행위가 점차 고도화·복잡화/국제조세조정에관한법률(이하 '국조법'이라 한다)에 있는 조세회피 방지규정을 국세기본법에도 규정함으로써 국제 거래뿐만 아니라 국내 거래까지 적용됨을 명확히 하여 과세 투명성 제고(확인적 규정)'라고 적고 있다.(2008년 개정세법 해설, 국세청 참조)

국회 재정경제위원회 '개정법률안'(국세기본법 일부개정법률안, 정부제출, 검토보고, 2007.11. 재정경제위원회 전문위원 김호성)은 '국세기본법 제14조 제3항의 신설이 '실질과세의 원칙에 의해 조세회피행위의 효력을 부인하려면 조세법률주의 원칙상 법률에 개별적·구체적인 부인 규정이 필요하다는 대법원의 판례에 따라 조세회피 방지 규정을 도입하려는 것으로, 실질과세 원칙을 명확히 하려는 것으로 사료됨'이라며 제3항이 조세회피 방지 규정이라는 의미를 설명하였다.

3. 조세회피 방지를 위한 실질과세원칙 명확화(안 제14조제3항 신설)

현 행	개 정 안
□ 실질과세원칙 ① 소득·수익·재산·행위 또는 거래의 귀속이 **사실상 귀속되는자**가 납세의무자 ② 소득·수익·재산·행위 또는 거래의 명칭이나 형식에 불구하고 **그 실질 내용에 따라 적용**	□ 실질과세원칙 보완 ①·② (현행과 같음) ③ **제3자거래***(우회거래)또는 **단계거래****등을 통해 조세를 부당하게 감소시키는 것으로 인정되는 경우 그 경제적 실질에 따라 **직접거래** 또는 **연속된 하나의 행위·거래**로 적용 * 교환계약을 통한 양도소득세 회피,변칙 파생상품거래를 통한 소득세회피 ** 2회이상의 제3자 거래

□ 실질과세의 원칙에 의해 조세회피행위의 효력을 부인하려면 조세법률주의 원칙상 법률에 개별적·구체적인 부인규정이 필요하다는 대법원의 판례[43]에 따라 개정안은 조세회피 방지규정을 도입하려는 것으로, 실질과세원칙을 명확히 하려는 것으로 사료됨.

현재 「국세조세조정에 관한 법률」 및 「상속세 및 증여세법」에서 개정안과 같이 실질과세원칙을 구체화하는 규정을 두고 있음.

국세기본법 일부개정법률안(정부제출) 검토보고 2007.11. 재정경제위원회 전문위원 김호성

2) 제3항 신설과 관련한 의문

제3항은 국세기본법 제14조 조항으로 신설된 것이며, 국세기본법은 세법이 아닌 총칙법이므로 세법에 대하여 일반법이며, 세법은 국세기

---

43 실질과세의 원칙에 의해 당사자의 거래행위를 그 법형식에도 불구하고 조세회피행위라고 하여 그 행위계산의 효력을 부인하려면 조세법률주의 원칙상 법률에 개별적·구체적인 부인규정이 마련되어야 하는 것이다. <대법원 1999.11.9. 선고 98두14082 판결>

본법에 대하여 특별법에 해당한다. '개정법률안'이 밝히고 있는 대로 '조세법률주의 원칙상 법률에 개별적·구체적인 부인 규정이 필요하다는 대법원의 판례'에 따라 조세회피 방지 규정을 법률로 마련하는 취지로 제3항을 국세기본법에 신설한다면 제3항에 대해서는 국세기본법을 세법처럼 과세에 적용하겠다는 뜻이 된다.

한편, 2008년 개정세법 해설(국세청)은 국제조세법에 있는 조세회피 방지 규정을 국내 거래에까지 적용하기 위하여 제3항을 신설한다고 해설하면서 이를 '확인적 규정'으로 설명하였다. 확인적 규정의 의미를 '주의를 환기시키기 위하여 법규를 보완해 두는 규정' 또는 '종래부터 적용되던 당연한 법리를 법령으로 명확하게 확인한 선언적 규정'이라고 이해한다면, 제3항을 세법처럼 직접 과세에 적용하는 조문으로 삼겠다는 '개정법률안'의 설명과 상반되고 있다. 만약 세법처럼 과세에 적용하려는 취지에 따라 제3항을 신설하였다면 동 규정은 '창설적 규정'이 되기 때문이다.

이처럼 제3항은 법령 신설 배경에 대한 해설이 '개정취지문'과 '개정법률안'이 일치하는 내용도 있지만 양립할 수 없는 모순적 내용을 각각 다르게 내세우는 점도 있으며, 세법이 아닌 국세기본법에 원칙 조항으로 조문을 신설하면서 이 조항을 세법처럼 적용한다면 법체계 질서상 세법과 충돌하는 상황이 예정될 뿐 아니라, 제3항이 국제조세법과 상증세법에 있던 조문을 그대로 옮겨온 것이므로 제3항을 해석하는 데 개별 세법에서 받아들여져 온 일반 해석 용례를 따를 것인지 아니면 새로운 해석 방법에 따를 것인지에 대한 해석상의 문제 또한 대두한다. 실질과세는 세법의 실질과세와 국세기본법의 실질과세가 서로 다를 수 없는 것이므로 종래 개별 세법이 시행해 온 실질과세의 내용[44]을 확인해 봄으로써 제3항과 관련하여 제기되는 논란과 의문시되는 사안의 실상을 가늠해 보도록 하자.

3) 세법에서의 실질과세

제3항은 본래 상증세법이 규정하던 실질과세 원칙이었다. 2006년 국제조세법도 이를 그대로 사용하였고, 국세기본법에는 가장 나중에 이 조문이 신설되었다.

상증세법이 실질과세 원칙 조문을 신설하게 된 직접적인 배경은 완전포괄주의 도입이다. 상증세법은 기존의 법적 실질과는 구분되는 새로는 과세 방안을 창설하고 이를 경제적 실질[45]에 따른 과세라고 이름을 붙였다. 하지만 경제적 실질에 따른 과세라고 해서 기존의 법적 실질과세 방식(의제 등)을 온전히 배제하는 것은 아니다. 엄밀히 말해 '경제적 실질' 방식과 '법적 실질' 방식이 공존하고 있다고 보아야 한다. 또 예시 규정은 비록 느슨한 규정이라 할지라도 일정하게 규범으로서 기능을 하고 있고 완전포괄주의가 법률요건과 사실 요건을 과세권자에게 전적으로 일임하지도 않았다.

제3항과 관련하여 법인세법은 부당행위계산부인만 적용하며, 소득세법은 부당행위계산부인과 특례를 적용한다. 국제조세법은 국외 특수관계자 또는 특수관계법인에 한정하여 실질과세를 적용하며, 이 역시 간주, 특례 등 '법적 실질'에 따른 과세 방식만을 규정하고 있다.

---

44 제1항과 제2항은 실제적 실질, 제3항은 법적 실질과 대응하는 규정이므로 각 세법의 법적 실질 규정에 대한 비교를 통해 제3항의 해석 기준이 확립될 필요가 있다.

45 세법 비전공 연구자들이 주장하는 경제적 실질과는 개념이 다른 실질이다.

다만, 국제조세법은 소득세법 및 법인세법의 부당행위계산부인을 적용하지 아니하므로 조세회피 적용 대상 범위가 소득세법, 법인세법보다 넓다.

각 세법이 규정하는 법적 사실에 의한 실질과세 내용을 요약·비교하면 아래와 같다.

〈각 세법의 법적 실질 규정의 비교〉

세목	적용 대상	실질과세 원칙	실질과세 적용유형	조세회피 판단대상	이자 배당 등 소득에 대한 실질 과세 적용	과세 근거범령
법인세	국내	없음	부당행위계산 부인	특수관계자 거래	적용[46] (특수관계)	법인세법
소득세	국내	없음	의제, 특례, 부당행위계산 부인	특수관계자 거래	불가	소득세법
상증세	국내	없음	완전포괄주의 & 의제	특수관계자 불문 & 특수 관계자 거래	–	상증세법
국제조세	국외	있음	간주, 특례 부당행위계산 부인	특수관계자 거래	적용[47] (특수관계)	국제조세법

46 법인세법은 가지급금에 대한 인정이자(시행령 제89조) 및 지급이자 손금불산입(제28조)을 적용하고 있고 배당소득 역시 마찬가지이므로 이자·배당소득세 대한 실질과세 예외를 적용하지 아니한다.

47 해외 거래를 통한 조세회피에 대해서는 소득세법 및 법인세법이 부당행위계산 과세 규정에서 제외하는 소득 또는 거래 유형에 대해서도 국제조세법이 과세 규정을 두어 과세하고 있다.

4) 개정취지문 및 개정법률안에 대한 검토

가. 개정취지문에 대한 검토

앞서 살펴본 바와 같이 제3항이 신설되기 전에도 몇몇 세법은 각자 별도 실질과세 원칙을 두어 이를 운용해 왔다. 이들 세법이 실질과세를 적용하는 방식은 조세법률주의 원칙에 따라 과세요건을 모두 법령으로 규정하는 방식을 취하고 있다.

그런데 2008년 개정세법 해설(국세청)의 개정취지문은 '국제조세조정에관한법률에 있는 조세회피방지규정을 국세기본법에도 규정함으로써 국제 거래뿐만 아니라 국내 거래까지 적용됨을 명확히 하여 과세 투명성을 제고하기 위하여' 신설한다고 설명하였다.

앞서 살펴보았듯이 국제조세법의 실질과세는 부당행위계산부인, 간주, 특례가 전부다. 그리고 이 법의 실질과세 적용 원리가 법인세법, 소득세과 다른 점이 없다. 무엇보다 국제조세법은 국제 거래, 해외 거래를 적용 대상으로 하는 특별법이다. 거래가 국내 거래이면 국제조세법이 아니라 법인세법, 소득세법, 상증세법을 적용받는다.

문장만 놓고 보면 '개정취지문'은 국내 거래에 적용할 수 없는 국제조세법의 조세회피 방지 규정을 국내 거래에 어떻게 적용한다는 것인지에 대해서는 아무런 설명이 없어 알 수가 없고, 만약 그러한 의도로 제3항을 신설하였다면 제3항만으로 개정 취지가 실현될 수는 없으므로 법인세법과 소득세법이 같이 개정되어야 하지만 그런 사실도 없었다. 그렇지만 이러한 취지의 설명에도 불구하고 국세청 개정취지문은 제3항 신설에 대하여 국회 개정법률안에는 없는 '확인적 규정'이라고 부연하고 있는 것을 보면 국제조세법에 있는 실질과세 원칙이 국세기본법의 원칙조항으로 편입된다는 의미로 설명한 것일 수도 있을 것 같다.

나. 개정법률안에 대한 검토

개정법률안은 국회 재정경제위에 제출된 문서로서 국회(전문위원 김호성)에 의하여 작성되었다. 문서 제목이 '국세기본법 일부개정 법률안(정부제출) 검토보고'인 것으로 보아 제3항의 신설은 행정입법이 분명하다. 따라서 입법 배경과 목적을 확인할 수 있는 상임위 토의 자료 등 보충 자료가 충분하지 않은 편이다.

제3항의 신설 배경을 설명하는 자료로서 확인되는 유일한 검토 자료인 '개정법률안'에는 제3항의 신설과 함께 '국세기본법에 실질과세를 일괄적인 규정으로 통합'하고 '상속·증여세법상 중복된 규정은 삭제함으로써 세법을 알기 쉽게 개편'할 것을 권장하는 내용(개정법률안 3페이지)이 있기도 하다. 사실이 그렇다면 국세청이 내놓은 확인적 규정이라는 설명과 다를 바 없고 법 개정 취지는 단순하고 분명해진다. 국제조세법에 있는 실질과세 원칙을 국세기본법으로 편입한 것이 되는 것이다.

하지만 이와는 달리 '조세법률주의 원칙상 법률에 개별적·구체적인 부인 규정이 필요하다는 대법원의 판례에 따라 개정안은 조세회피 방지 규정을 도입하려는 것으로 실질과세 원칙을 명확히 하려는 것으로 사료됨'(개정법률안 2페이지)이라는 또 다른 설명이 있고 많은 관심이 이 문장에 집중되고 있다. 이러한 설명에 따르면 제3항은 조세회피 방지 규정으로 해석될 수 있기 때문이다. 그렇다면 제3항은 국제조세법에 있는 실질과세 원칙을 국세기본법으로 단순히 편입한 것이 아니라 새로운 과세 규정으로 보아야 한다. 그리고 이 설명이 사실이라면 논란은 불가피한 일이 된다. 국세기본법은 실질과세를 적용하더라도 세법을 적용하도록 규정하고 있고, 국세기본법은 세법이 아니라고 국세기본법이 규정하고 있기 때문이다. 애써 새로운 과세 규정을 만들었는데 그 규정은 과세에 적용할 수 없는 규정이 되는 것이다.

> **국세기본법**
>
> **제2조(정의)** 2. "세법"(稅法)이란 국세의 종목과 세율을 정하고 있는 법률과 「국세징수법」, 「조세특례제한법」, 「국제조세조정에 관한 법률」, 「조세범 처벌법」 및 「조세범 처벌절차법」을 말한다.
>
> **제18조(세법 해석의 기준 및 소급과세의 금지)** ① 세법을 해석·적용할 때에는 과세의 형평(衡平)과 해당 조항의 합목적성에 비추어 납세자의 재산권이 부당하게 침해되지 아니하도록 하여야 한다.
> ② 국세를 납부할 의무(세법에 징수의무자가 따로 규정되어 있는 국세의 경우에는 이를 징수하여 납부할 의무. 이하 같다)가 성립한 소득, 수익, 재산, 행위 또는 거래에 대해서는 그 성립 후의 새로운 세법에 따라 소급하여 과세하지 아니한다.
> ③ 세법의 해석이나 국세행정의 관행이 일반적으로 납세자에게 받아들여진 후에는 그 해석이나 관행에 의한 행위 또는 계산은 정당한 것으로 보며, 새로운 해석이나 관행에 의하여 소급하여 과세되지 아니한다.
> ④ 삭제 〈1993.12.31.〉
> ⑤ 세법 외의 법률 중 국세의 부과·징수·감면 또는 그 절차에 관하여 규정하고 있는 조항은 제1항부터 제3항까지의 규정을 적용할 때에는 세법으로 본다.

이 같은 사실로 미루어 볼 때 국회전문위원이 조세법 질서 체계를 오해하고 개정법률안을 작성한 것이 아닌가 생각된다. 국세기본법 제14조는 실질과세 원칙을 규정하는 조항이다. 앞서 원고가 국제조세법과 상증세법 그리고 법인세법, 소득세법의 실질과세 내용을 개괄하면서 일관되게 확인되는 것처럼 세법은 실질과세 원칙 규정에 근거하여 실질과세를 적용하지 아니한다. 실질과세를 적용하는 근거 법령은 각 세법의 '과세 규정'이지 실질과세 '원칙 규정'이 아니었다. 세법의 실질과세와 국세기본법의 실질과세가 서로 다를 수 없으므로 국세기본법에도 같은 원리가 적용되어야 한다.

전문위원은 또 국세기본법을 마치 민법에서의 민법 총칙 같은 세법 총칙으로 이해한 것 같다. 세법 총칙에 새로운 조항이 만들어졌으므로 그 규정이 모든 세법에 지배적으로 적용되는 과세 원리가 되는 줄로 생각한 것이다. 하지만 사실은 그 반대이다. 조세법에서 가장 우선 적용되는 법률은 국제조세법이며, 다음으로 적용되는 법이 국제조세법을 제외한 세법이며, 국세기본법의 과세 규정은 가장 마지막으로 적용된다. 세법은 국세기본법에 대한 특별법이고, 국제조세법은 세법에 대한 특별법이기 때문이다. 가령 국제조세법을 비롯한 세법은 조세회피행위를 특수관계자 간 거래에 한정해서 판단하고 세법을 적용하지만, 국세기본법은 특수관계자 외의 자와의 거래에 대해서도 조세회피행위를 판단하고 있다고 가정해 보면 세법이 국세기본법에 우선하는 법률일 뿐 아니라 부과 처분은 세법을 적용하여야 하므로 특수관계자 외의 자와의 거래에 의한 조세회피행위는 국세기본법 규정이 있다고 하더라도 과세에 적용할 수 없다. 그래서 국세기본법 규정은 선언적 의미를 지닐 뿐이다. 그런데 개정법률안 의견처럼 제3항을 새로운 과세 규정으로 이해하고 이를 직접 과세에 적용한다면 국세기본법이 세법보다 우선하고 국세기본법 다음 세법을 적용하는 순으로 조세법 질서 체계가 뒤바뀌게 된다.

국세기본법 제3조(세법 등과의 관계) ① 국세에 관하여 세법에 별도의 규정이 있는 경우를 제외하고는 이 법에서 정하는 바에 따른다.

또 개정법률안 설명대로라면 국세기본법에 과세 규정 하나 만드는 일로 세법의 전 체계를 손쉽게 규율할 수 있다면 상증세법은 왜 20년을 그렇게 공을 들이고도 상속 증여세 세목에 대한 완전포괄주의 실질과세에 실패하고 지금 관련 규정들이 사문화 되다시피 한 것일까. 그건 상증세법이 그렇게 간단하고 쉬운 방법을 몰라서가 아니라 그렇게 하면 안 되기 때문에 안 한 것이고, 그렇게 하면 조세법 질서 체계를 훼손하고 헌법 이념에 반하는 일이기 때문에 할 수가 없는 것이었다.

그리고 개정법률안은 말미에 '사료됨'이라는 표현을 쓰고 있다. 이 말에는 짐작된다는 의미가 내포되어 있다고 봐야 한다. 법령 입안 당사자도 아닌 전달자의 주관이 개입된 '짐작'을 법령 입안의 취지로 쉽게 단정해서는 안 될 일이다. 또 법률은 한 번 입법이 되고 나면 법률 체계의 질서가 작동하는 원리에 편입되어 그에 따라 운용되어야 하는 것이지 혹여 부실 입법이나 입법 미비로 입법자의 본래 개정 의도가 실현되지 않거나 달리 작동한다고 해서 법률 작용에 일일이 인위적 작용을 개입시켜서도 안 된다.

제3항은 국제조세법의 법문을 그대로 차용하면서 '~보거나' '~보아'라는 전형적인 의제 표현으로 법문이 서술되어 있다. 의제는 법인세법, 소득세법, 상증세법, 국제조세법이 오래도록 실질과세에 적용해 온 방식이다. 그렇다면 혼란스러운 몇 가지 요인에도 불구하고 제3항의 도입은 원칙 규정으로서 확인적 규정이며, 세법이 오랫동안 시행되어 온 부당행위계산부인 등 법적 실질과세 조항들을 실질과세 원

칙으로 국세기본법에 편입하는 신설로 보는 것이 타당할 것이다.

③ 세법 외 조세회피행위를 판단할 수 있는 권한 있는 다른 주체가 있는가

세법의 실질과세는 법률 제정 이후 부단한 발전을 거듭해 왔다. 동족기업에 대한 과세제도는 법인세법 부당행위계산부인 규정으로 발전하였으며, 다른 세법에서도 점차 이를 도입하게 된다. 상증세법은 독자적인 의제 제도를 발전시켜 특수관계자 외 거래에 대해서도 과세권을 행사할 수 있는 새로운 법적 실질인 경제적 실질 개념을 창안했다. 국제조세법은 국제 거래에 대해서 실질과세를 적용할 수 있는 다양한 제도를 수립 정착시켜 나갔다.

조세회피행위는 납세 현장에서 상수로 존재하는 일반 현상이다. 세법 실질과세 규정의 다양한 전개와 발전은 모두 조세회피행위에 대한 대응 노력의 산물이었다. 조세회피 대응은 조세법률주의 원리에 따라 법률로 규정되어야 하는 것이며 이를 법적 실질과세라고 한다.

또 세법이 말하는 조세회피란 개념적 사실이 아니라 법적 사실을 말한다. 법적 사실이란 법이 규정하는 사실이다. 법이 조세회피라고 규정함으로써 조세회피가 되는 것이지 세법이 규정하지 아니하는 조세회피행위가 세법 바깥에 따로 실재하는 것이 아니다. 그리고 세법이 조세회피로 규정하고 있다면 반드시 그에 대한 과세요건을 규정한다. 세법이 과세요건을 규정하지 않는다면 조세회피 행위로 보지 않아서 그런 것이다. 세법이 조세회피를 규정하면서 과세요건을 규정하지 않을 수 없고 그 반대도 마찬가지다.

즉 조세회피에 관한 판단과 과세요건을 규정하는 일은 별개의 독립된 활동이 아니라 단일 활동으로서 세법에 전속된 권한이다. 만약 이러한 사실을 부정한다면 조세법률주의를 모르거나 잘못 알거나 위배하는 것이다.

그리고 조세회피란 곧 조세법률주의 원칙에 따라 규정된 세법 규정을 회피하는 행위 전략을 말한다. 그러므로 세법이 없으면 조세회피도 있을 수 없고, 조세회피가 없으면 실질과세도 없는 것이다. 세법이 있으므로 실질과세가 있는 것이며, 실질과세는 세법 법령을 적용함으로써 실현되는 과세 원리다.

실제적 사실에 근거한 실질과세는 세법 일반규정을 직접 적용하며, 법적 사실에 근거한 실질과세는 변형된 세법을 적용하여 실질과세를 구현한다. 일반세법 규정을 적용함으로써 실질과세를 적용한다는 사실은 두 가지 의미를 지니고 있다. 첫째, 실질과세 전용 세법 규정(변형된 세법 규정)뿐만 아니라 세법 일반규정도 실질과세 원칙에 따라 구성된 실질과세 세법이라는 사실이다. 만약 일반세법 규정이 실질에 반하는 내용을 규정한다면 이는 위헌적 규정이 될 수 있다.[48] 둘째, 과세권자는 조세회피 여부를 판단하는 주체가 아니라 세법을 적용하는 법률 당사자라는 사실이다. 과세권자는 법률을 적용함에 있어서도 재량의 한계를 벗어날 수 없는 제약을 받는다.

그러므로 세법 외 조세회피행위를 판단할 수 있는 권한 있는 다른 주체는 존재할 수 없다. 만약 누군가가 세법이 규정하지 아니하는 조세회피를 조세회피라고 규정할 수 있는 권한을 가지고 있다면 그는

---

48 세법 규정 중 실질과세 원칙에 반하는 과세 규정은 상증세법 제45조의2가 유일하며, 이 규정에 대하여 2004년 위헌 심판 제기가 있었으나 헌법재판소는 비례의 원칙이나 평등의 원칙을 위배하지 않는다고 보아 신청을 기각한 바 있다. 다만, 접대비 한도 초과 등과 같은 규정을 별론으로 한다.

성문법 바깥에 존재하는 또 다른 세법이거나 세법 위에 군림하는 존재일 것이다. 그런데 법치의 원리는 법 위에 군림하는 존재를 용납하지 않는다.

4 실질과세는 절대 원칙인가

실질과세는 과세의 일반 원칙이다. 따라서 실질과세는 원칙적으로 모든 과세에 적용되는 규율이다. 그렇지만 소득세법은 기장의무가 없는 소득에 대해서는 실질과세를 적용하지 아니한다. 실질과세에 예외가 있는 것이다.

기장의무가 있다고 하더라도 세법은 일시적으로 기장의무를 면제하기도 하고, 영세 납세자에게는 영구적인 의무면제를 부여하기도 한다. 세법은 납세 순응력을 고려하는 탄력적인 운영이 발휘한다.

기장의무가 있는 소득이라 하더라도 실질과세가 일상적으로 납세자를 검열하지도 않는다. 납세의무는 성립과 확정, 세액의 납부를 거쳐 소멸하며, 납세의무는 대체로 법정 과세기간이 끝나는 때, 또는 재산을 취득하는 때 성립한다. 그리고 성립된 납세의무는 세액을 신고함으로써 확정된다. 다만, 상속세와 증여세, 정부 고지 종합부동산세만 정부 결정으로 확정된다.

납세의무가 확정되면 대부분 사업자는 더 이상 검열 없이 실질과세 관문을 통과하게 된다. 이를 통과하지 못하는 납세자는 전체 납세자의 약 1~2% 수준이다. 이들은 세무조사를 받는 납세자들이다.

세법이 납세자의 신고만으로 실질과세로 인정하는 이유는 신고 확정 세목은 대부분 기장의무가 부여된 세목이거나 면제된 세목으로서 실질과세는 장부 기장으로 실현되는 것[49]으로 보고 있으므로 납세자의 신고를 기장의무 이행으로 간주하기 때문이다.

> **국세기본법 제81조의3(납세자의 성실성 추정)** 세무공무원은 납세자가 제81조의6제3항 각 호의 어느 하나에 해당하는 경우를 제외하고는 납세자가 성실하며 납세자가 제출한 신고서 등이 진실한 것으로 추정하여야 한다.

조세는 추상적 개념으로 존재하는 것이 아니라 행정 집행을 통해 실현되는 현실의 작용이다. 따라서 실질과세는 결국 행정의 기능적 제약에서 벗어나 자유로울 수 없다.

행정은 시간과 인력 예산의 한계 그리고 불가피하게 권력과 사회적 견제 속에서 이루어지는 행위이다. 그리고 납세자가 제출한 신고서가 별다른 검열 없이 모두 확정되고 납세의무가 소멸하는 것처럼 실질과세는 현실의 제도와 질서와 절차에 녹아 있어 사실 그 형체가 잘 보이지 않는다. 또 비록 실질과세가 과세 일반 원칙이며, 실질의 개념적 가치가 비록 국가 재정의 순기능을 담보하는 제1 원리라고 하더라도 예외 없는 무소불위의 절대 원리이거나 신성불가침의 원리는 아니다. 이러한 사실은 소득세법의 실질과세가 잘 보여주고 있다.

하지만 이런 현실의 모습이 조세체계와 세법에 대한 실증적 이해가 없는 이들에게는 잘 보이지 않는 것 같다. 세법 비전공 연구자들은 직업적 필요 탓인지 실질과세에 대해 현실과 동떨어진 과격한 관념론자의 모습을 자주 보이는데 비록 그들의 주장이 과장된 호들갑

---

49 양도소득세는 기장의무가 없는 소득이지만 양도 및 취득가액에 '실지거래가액'을 적용하므로 예외적으로 실질과세가 적용되며, 양도소득세 신고 의무가 이행되면 '납세자의 성실성 추정' 규정 적용을 받는다.

에 지나지 않을지라도 어쨌거나 여러 경우에 적잖은 영향을 미치고 있어 우려를 자아내고 있다.

제6장

**실질과세 과세 사례
연구**

실질과세 과세 사례 연구

1 주식 증여 후 소각 거래에 대한 과세 사례 연구

배우자 등에게 주식을 증여한 후 즉시 소각하는 거래(이하 '증여 후 주식소각'이라 하자)가 납세 현장에서 주목받기 시작한 지 수 해가 지나가고 있다. 증여 후 주식소각에 대한 과세는 대체로 2020년부터 시작된 것으로 보인다. 그 후 과세권자는 크게 작심한 듯 몇 년에 걸쳐 이러한 거래를 대대적으로 찾아내어 세금을 부과하였는데 이에 대한 과세 논리가 실질과세였다.

증여 후 주식소각은 대부분 배우자 또는 자녀에게 주식을 증여한 후 즉시 소각이 이루어진다. 소각 대금은 주식 증여자에게 반환하는 경우와 주식을 증여받은 배우자 또는 자녀에게 귀속하는 경우로 나뉜다. 이 밖에 각자 보유하는 1개 회사 주식을 교차 증여하는 거래, 별개의 2개 법인 주식을 상호 증여하는 거래 등 유사한 다른 거래 유형도 확인되고 있다.

증여 후 주식소각은 일정한 법인자금이 세 부담 없이[50] 주주 등에

---

[50] 배우자에게 주식을 증여하는 경우 증여재산 공제 한도(6억 원) 내에서 발생하는 세 이익은 약 1.8억 정도 된다.

게 환원될 수 있다는 이점 때문에 많은 납세자로부터 선택받았다. 이와 관련한 과세는 처음엔 지방청 단위 세무조사를 필두로 시작되었다가 세무서 단위 수정신고 권장으로 점차 확대되었으며, 지금은 직접적인 세무조사 빈도는 줄어들고 세무서 소명 요구 및 수정신고 안내 중심으로 과세 방식이 전환된 것 같다. 과세권자는 주식 증여 후 소각에 대하여 모두 소득세법 제17조 제2항이 규정하는 의제배당으로 과세하고 있다.

1) 과세 논리 및 부과 처분의 근거 법령

처분과 관련된 과세 논리는 실질과세다. 과세권자는 주식 증여 직후 소각이 이루어지는 사실에 대해 문제를 제기하면서 주식 증여 거래를 위장된 거래로 보아 사실상 주식의 증여자가 주식 소각 거래의 당사자로 본다. 이러한 부과 처분의 근거 법령으로 국세기본법 제14조 제3항을 들고 있다.

> **국세기본법 제14조(실질과세)** ③ 제3자를 통한 간접적인 방법이나 둘 이상의 행위 또는 거래를 거치는 방법으로 이 법 또는 세법의 혜택을 부당하게 받기 위한 것으로 인정되는 경우에는 그 경제적 실질 내용에 따라 당사자가 직접 거래를 한 것으로 보거나 연속된 하나의 행위 또는 거래를 한 것으로 보아 이 법 또는 세법을 적용한다.

주식의 증여가 '제3자를 통한 간접적인 방법', '둘 이상의 행위 또는 거래를 거치는 방법'에 해당한다고 보았다. 주식 증여자는 자신이 직접 소각에 참여하는 경우 발생하는 배당소득세(경제적 실질)를 회피하기 위하여 주식 증여 거래를 선택하였다고 보고 있다. 그리고 제3항을 '거래의 재구성에 의한 실질과세'의 근거로 해석한다. 납세자가 선택한 거래를 부인하고 '배당소득세의 회피'라는 은폐된 진실을 복원한다는 논리이다.

2) 소각 대금의 귀속에 관한 과세권자의 판단

과세권자는 소각 대금이 비록 주식의 수증자에게 귀속되었다고 하더라도 부과 처분에는 영향을 미치지 않는다고 주장한다. 주식의 증여자가 직접 주식을 소각한 다음 소각 대금을 주식의 수증자에게 증여한 것으로 본다는 것이다. 증여거래를 부인하지 않고 증여 물건을 변경하는 방식을 택하고 있다.[51]

3) 제3항의 해석과 관련한 근거

과세권자는 제3항에 근거한 과세의 정당성을 세법의 고유 법리가 아닌 판례[52](서울고등법원 2017.3.29. 선고 2016누53076 판결)에서 찾고 있다. 과세권자의 이러한 입장은 불복 청구 과정에서 계속 반복적으로 나타나고 있으며, 그 밖에 대법원 판례(대법원 2012.1.19. 서고 2008두8499) 등을 제시하기도 한다.

〈서울고등법원 2017.3.29. 선고 2016누53076 판결〉

구 국세기본법 제14조 제3항은 2007. 12. 31. 법률 제8830호로 신설된 것으로서 '제3자를 통한 간접적인 방법이나 2 이상의 행위 또는 거래를 거치는 방법으로 이 법 또는 세법의 혜택을 부당하게 받기 위한 것으로 인정되는 경우

---

51 주식 증여 후 소각 거래에 대한 최초의 과세(창원세무서 재산법인세과)에서는 주식증여거래를 부인하였으나 그 이후에 이루어진 과세에서는 주식 증여를 부인하지 않는다.
52 이 판결은 원고의 상고 포기로 확정되었다.

116
실질과세론

에는 그 경제적 실질 내용에 따라 당사자가 직접 거래를 한 것으로 보거나 연속된 하나의 행위 또는 거래를 한 것으로 보아 이 법 또는 세법을 적용한다'고 규정하고 있다. 납세의무자가 선택한 거래형식은 원칙적으로 세법상 존중되어야 하고, 실질과세의 원칙만을 내세워 납세의무자가 선택한 거래형식을 부인하는 경우 납세의무자의 예측가능성 법적 안정성이 침해되고, 나아가 조세법률주의에 반하는 결과를 가져오게 된다. 그와 같은 이유로 구 국세기본법 제14조 제1항의 규정만으로 납세의무자가 선택한 거래형식을 부인할 수 있는지 여부에 대하여 견해의 대립이 있었다. 그러나 오로지 세법상 혜택을 받을 목적으로 거래형식 선택의 자유를 남용하는 납세의무자의 조세회피행위를 모두 허용한다면 조세형평에 반하는 결과가 될 뿐만 아니라 나아가 조세법률주의의 형해화를 가져오게 된다. 구 국세기본법 제14조 제3항은 실질과세의 원칙을 적용하여 제한적으로나마 경제적 실질에 의한 거래의 재구성을 인정하는 근거를 마련함으로써 점차 고도화·전문화되는 조세회피행위에 대응하기 위하여 마련된 규정이다. 따라서 구 국세기본법 제14조 제3항을 단순한 선언적 의미의 규정에 불과하여 그 자체로 규범력을 가지지 못하고 개별적, 구체적인 부인규정이 마련되어야만 비로소 적용될 수 있다는 해석은 받아들일 수 없고, 개별 세법을 적용함에 있어 일정한 요건을 갖춘 경우 납세의무자가 선택한 거래형식을 부인하고 그 거래를 재구성할 수 있는 근거 규정으로서 규범력을 가진다고 봄이 상당하다.

4) 부과 처분의 의의

가. 세법이 아닌 일반법의 적용

국세기본법은 국세에 관한 기본적이고 공통적인 사항을 규정하는 일반법이다. 국세기본법이 제14조를 규정하는 이유는 실질과세가 국세에 관한 기본적이고 공통적인 사항이기 때문이다. 실질과세 원칙 규정을 통해 세법 적용의 기본원리를 분명히 하기 위해서다. 과세권자는 국세기본법을 근거 법령으로 제시하였으므로 세법이 아닌 일반법을 근거로 소득세를 부과하였다.

나. 의제의 적용

과세권자는 주식 증여 후 소각거래에서 발생하는 의제배당의 납세의무자를 주식의 수증인에서 주식의 증여인으로 변경하는 처분을 하였다. 납세의무자를 변경하는 것은 사실관계를 '의제(legal fiction)'한 것이다. 의제는 반대의 사실이 증명되었다고 해서 번복될 수 없는 '법적 사실'이다. 의제는 납세의무자 변경뿐만 아니라 증여 물건을 주식이 아닌 현금으로 보는 데에도 적용되고 있다.

다. 배당소득에 대한 실질과세 적용

실질과세 적용을 사유로 배당 소득금액을 산출하였으므로 과세권자는 배당소득에 대해 실질과세를 적용한 것이다. 또한 주식의 증여가 특수관계자 간에 이루어진 거래이며 특수관계 거래에 적용하는 실질과세 규정은 부당행위계산부인이므로 과세권자가 세법을 따른다면 증여 후 주식 거래에 대하여 소득세법 제41조가 규정하는 부당행위계산부인을 적용하여야 하지만 그렇게 하지 않았다.

> **소득세법 제41조(부당행위계산)** ① 납세지 관할 세무서장 또는 지방국세청장은 배당소득(제17조제1항제8호에 따른 배당소득만 해당한다), 사업소득 또는 기타소득이 있는 거주자의 행위 또는 계산이 그 거주자와 특수관계인과의 거래로 인하여 그 소득에 대한 조세 부담을 부당하게 감소시킨 것으로 인정되는 경우에는 그 거주자의 행위 또는 계산과 관계없이 해당 과세기간의 소득금액을 계산할 수 있다.

라. 조세회피행위라는 주장

과세권자는 주식 증여 후 소각거래를 조세회피라고 보아 세무조사를 착수했고 세금을 부과했다. 과세권자가 말하는 조세회피는 배당

소득세 1.8억 원을 말한다. 만약 1.8억 원이 조세회피 세액이라면 반드시 과세 되어야 하는 일이며 조세회피에 대한 대응은 실질과세의 본질적 기능이므로 실질과세 법이론에 따라 판단되어야 한다.

5) 부과 처분의 쟁점과 소견

가. 특별법 우선 적용 위배

국세기본법은 국세에 관한 기본적이고 공통적인 사항을 규정하는 일반법이며, 세법은 국세기본법에 대하여 특별법이다. 특별법은 일반법에 앞서 적용된다. 주식 증여 후 소각 거래가 특수관계자 거래에서 발생하였으므로 소득세법이 규정하는 부당행위계산부인을 적용하여야 한다. 그런데 소득세법에는 주식 증여 후 소각 거래에 대해서는 부당행위계산부인 적용에서 제외하고 있다. 그렇다면 주식 증여 후 소각 거래는 실질과세 적용을 받지 아니하는 거래이므로 이에 대한 과세 여부는 부당행위계산부인 적용 대상인지를 판단함으로써 확정되어야 하는 것이다. 그렇지만 과세권자는 소득세법이 과세요건을 규정하지 아니하자 국세기본법의 실질과세 원칙 규정을 적용하여 배당 소득금액을 산출하여 부과 처분함으로써 특별법 우선 적용의 원칙을 위배한 것으로 보인다.

나. 실질과세 사실요건 구성 위배

조세는 국가에 의한 조세채권 행사가 본질이며, 채권자가 채권을 행사하기 위해서는 반드시 채권의 존재 사실을 먼저 입증하여야 한다. 국가 채권으로서 조세는 '법률요건'과 '사실요건'이라는 두 가지 요소를 충족함으로써 입증한다. 사실 요건은 세법의 법률요건을 완성하는 구체적 사실을 말하는 것이므로 어떤 사실관계 판단이 사실

요건이 되기 위해서는 법률요건에 부합하는 사실이 되어야 한다. 주식 증여 후 소각 거래는 세법이 과세요건을 규정한 사실이 없어 법률요건을 갖추지 못하였다. 따라서 과세권자가 행한 거래의 재구성은 사실요건을 구성하지 못한 것으로 보인다.

다. 소득세 실질과세 적용 원리 위배

소득세법은 제정 이후 일관되게 기장의무가 있는 소득에 한정하여 실질과세를 적용해 왔다. 소득세법은 배당소득에 대해서는 기장의무를 부여하지 않는다. 소득세법은 기장의무가 없으면 실질과세를 적용하지 않는다. 소득세법 제41조가 규정하는 부당행위계산부인 규정 적용 대상에 배당소득이 없는 이유가 이 때문이다.

기장의무뿐만 아니라 소득세법은 배당소득에 대해서는 필요경비를 인정하지 않으며 총수입금액을 과세소득으로 한다.

> **소득세법 제17조(배당소득)** ③ 배당소득금액은 해당 과세기간의 총수입금액으로 한다.

소득세법 제17조가 규정하는 의제배당은 회사 배당절차에 따라 주주에게 지급되는 정기 배당, 중간배당과 달리 주식을 회사에 반납한 후 지급되는 주주환급금으로써 주식의 취득가액을 초과하여 받는 금액을 말한다.

배당소득에 대해 필요경비를 인정하지 않는다는 사실은 주주가 감자(소각)에 참여해서 받은 대가가 주식의 취득가액에 미달하면 음수(−)의 배당소득이 발생함에도 이를 다른 배당소득과 통산하거나 이월하여 공제하지 아니하고, 발생한 배당 이익만 따로 구분하여 과세함으로써 경제적 실질이 과세에 반영되지 않는 것을 의미한다. 현실에 있어서 수많은 법인이 주주에게 아무런 대가 지급 없이 청산되고 있으며, 이 경우 모두 음수(−)의 배당소득이 발생하지만 이를 모두 과세에 반영하기는 과세 기술상 한계(모든 청산 법인에 대한 세무조사, 명의신탁 사실 여부 확인 등)가 있어 이를 고려하여 실질과세 예외 과세 방식이 채택된 것이다.

이 처분은 소득세법이 실질과세를 적용하지 아니하는 소득에 대하여 실질과세를 적용하여 과세하였으므로 소득세법 실질과세 원리를 위배한 것으로 보인다.

라. 조세회피행위의 미입증

과세권자는 주식 증여 후 소각 거래를 조세회피행위라고 주장하고 있지만 조세회피를 입증한 사실이 없다. 조세회피 여부는 실제적 사실과 법적 사실로서 입증되어야 한다. 먼저 과세권자는 주식의 증여 후 소각 거래에서 아무런 허위의 사실을 제시하지 못했다. 실제 주식의 증여가 있었고 실제 소각이 있었다. 그렇다면 실제적 사실에 있어서는 '사위(詐僞)'가 없는 것이다. 사위가 없는 사실에 대하여 과세하기 위해서는 법적 사실에 따라 과세하여야 한다. 그런데 과세권자는 주식 증여 후 소각 거래를 과세 대상으로 삼는 법적 실질 규정을 제시하지 못했으므로 법적 사실로도 입증된 바가 없다.

실제적 사실과 법적 사실 외 조세회피를 입증할 수 있는 다른 방안은 존재하지 않는다. 주식 증여 후 소각 거래로 회피했다는 1.8억 원은 상증세법이 규정하는 배우자 증여재산 공제액(6억 원)에서 산출된 적법하게 공제된 세금이지 회피된 세액이 아니다. 사실이 이러함에도 주식 증여 후 소각 거래가 조세회피행위라고 주장한다면 과세권자는 성문법 바깥에 있는 또 다른 세법이 된다. 그렇지만 법치는 법률 외 다른 존재의 개입을 허용하지 않는다.

6) 분석과 평가

과세권자는 주식 증여 후 소각 거래를 조세회피라고 보아 과세하면서 철저히 세법 규정에서 벗어나 과세권을 행사했다. 과세권자는 행정 부서이지 사법기구가 아님에도 과세 근거를 세법이 아닌 판례로 채우고 있다. 판례는 그 누구에게 과세권을 위임할 권한이 없고, 세법에 근거한 처분을 하지 않았으면 과세권자는 정당한 과세라고 주장하기 어렵다고 본다.

과세권자의 이런 태도는 실질과세에 대한 오해와 잘못된 습관에 기인하고 있는 것 같다. 그동안 과세권자는 실질과세를 세법에 과세 근거가 없거나 불분명하더라도 과세에 활용할 수 있는 만병통치약처럼 사용해 왔다. 그리고 지금까지 아무도 이런 비합리적 과세에 제대로 대응하지 못했다.

② 특허권 등 산업재산권 취득에 대한 과세 사례 연구

최근 10년 이래 실질과세를 앞세운 또 다른 빈번한 과세 사례가 특허권 등 산업재산권 취득에 관한 과세 건이다. 과세권자는 주식 증여 후 소각 거래와 달리 부당행위계산부인 규정을 적용 과세를 하고 있다. 그리고 이러한 과세에서 과세권자는 불복 과정에서 별다른 타격 없이 지금까지 승승장구하고 있다.

특허권 등 산업재산권(이하 '산업재산권'이라 하자)은 비상장 중소기업의 경영주나 경영주의 특수관계자, 종업원 등이 취득한 재산권을 회사가 유상으로 취득하거나 전용 실시권 또는 통상 실시권 대가를 지급하는 거래를 말한다. 과세권자는 회사가 산업재산권을 취득하거나 전용 실시권 또는 통상 실시권 대가를 지급하는 거래에 대해서는 예외 없이 부인해 오고 있다. 기업이 특허 권리에 의존해 도급계약을 하고 매출이 일어나는 경우라도 별반 차이가 없다. 과세권자의 논리는 기업이 취득한 산업재산권은 기업이 자력으로 취득할 수 있는 자산이라는 이유를 댄다. 이러한 태도는 특허권 등은 사람이 아닌 기업은 발명자가 될 수 없으며 '사람'만이 취득할 수 있는 지적 재산이라는 법률과 규정과 상식에 반하는 이해지만 이러한 과세는 지금도 계속되고 있다.

과세권자의 처분은 산업재산권 양도자가 신고한 기타소득을 부인[53]하고 산업재산권 양도 대가를 상여 처분함으로써 양도자에게 소득세를 부과하며, 취득한 법인 사업자에게는 원천징수 세액과 산업재산권 취득가액에 대해 감가상각비를 계상한 사실을 부인함으로써 법인세를 부과하게 된다.

산업재산권은 대체로 매출 발생과 원가 절감에 직접적인 영향을 미치는 '활용 재산'과 미래에 활용을 기대하는 '잠재적 활용 재산' 영업 등 대외 활동과 특허 사냥꾼 등으로부터 기업을 보호하는 데 순기능으로 작용하는 '대외용 재산' 등으로 분류된다. 그리고 산업재산권은 양도 대가 또는 실시권 대가가 지급되는 경우 반드시 감정평가액에 따라 대가가 결정되고 있다.

---

[53] 2019.1.1. 이후 기타소득의 필요경비는 양도 대가의 60%를 적용하고 있다. 따라서 상여 처분은 양도 대가의 60%에 해당하는 필요경비를 부인하는 결정이다(소득세법 시행령 제87조 참조).

1) 과세 논리 및 부과 처분의 근거 법령

기업의 산업재산권 취득에 대한 과세권자의 과세 논리는 모두 실질과세이며, 산업재산권의 양도인이 법인과 특수관계자에 해당하면 법인세법 실질과세 규정인 부당행위계산부인 규정을 적용한다. 법인세법 시행령 제88조 제1항은 '자산을 시가보다 높은 가액으로 매입 또는 현물 출자받았거나 그 자산을 과대 상각한 경우'(제1호) '무수익 자산을 매입 또는 현물 출자받았거나 그 자산에 대한 비용을 부담한 경우'(제2호)를 부당행위계산부인 대상으로 두고 있고 '그 밖에 제1호부터 제3호까지, 제3호의2, 제4호부터 제7호까지, 제7호의2, 제8호 및 제8호의2에 준하는 행위 또는 계산 및 그 외에 법인의 이익을 분여하였다고 인정되는 경우'(제9호)라는 포괄 규정을 두고 있어 과세권자는 이 규정을 산업재산권 취득에 적용하고 있다. 그리고 더러는 부과 처분의 근거 법령으로 국세기본법 제14조 제2항을 제시하기도 한다.

> **국세기본법 제14조(실질과세)** ② 세법 중 과세표준의 계산에 관한 규정은 소득, 수익, 재산, 행위 또는 거래의 명칭이나 형식과 관계없이 그 실질 내용에 따라 적용한다.

과세권자는 산업재산권을 회사가 자력으로 취득할 수 있는 재산임에도 이를 특수관계자로부터 유상 취득하였으며, 산업재산권 취득 가액의 근거가 된 감정평가액이 사실과 다르다고 보아 산업재산권 취득의 '실질 내용'은 조세회피행위로 판단하고 있다.

2) 기업 부설 연구소와 실질 발명자 판단

산업재산권 중 특허권은 발명자와 특허권자의 권리가 구분되는 재산권이다. 발명자는 특허권을 자기 명의로 취득할 수 있는 권리가 있으며, 특허권자는 발명자로부터 양도 증여 등의 거래를 거쳐 권리를 인수함으로써 권리를 소유하게 된다. 발명자는 자기 명의로 특허권 등을 취득할 수 있는 권리를 포기하거나 그 권리를 양도함으로써 양수인으로부터 일정한 대가를 받는 것이다.

과세권자는 특허권 취득과 관련하여 기업이 부설 연구소를 운영하였다면 지식 재산은 연구소가 발명하였을 것이므로 법인이 특허 권리자가 되어야 하며, 발명자는 따로 존재하지 않거나 기업연구소 임직원 중 일원이 되어야 한다고 주장한다. 발명자 판단과 관련하여 과세권자는 산업재산권 양도자에게 발명 노트 등 발명자를 입증할 수 있는 자료를 요구해서 스스로 발명자 여부를 가리거나 산업재산권 감정평가서를 요구 감정평가액의 적정성을 직접 검증하기도 한다.

3) 서면조사에 의한 부과 처분

산업재산권 취득거래에 대한 과세는 실지조사 외 서면조사에 의하여 실행되기도 한다. 서면조사는 법인세법 사무처리 규정에 따라 진행되는 절차이며, 먼저 납세자에게 과세자료 해명요구서를 발송하여 산업재산권 취득 관련 자료를 제출받아 검토한 후 관련 소득세 및 법인 원천세와 법인세 수정신고를 서면으로 권장하고, 이에 불응하는 경우 과세 예고통지서를 발송하는 절차로 이루어진다. 서면조사는 실지조사와 달리 납세자의 수정신고로 종결될 수 있어 실지조사와 다른 처분으로 인식될 수 있으나 실지조사와 동등한 성격의 부과 처분이다.

4) 부과 처분의 의의

가. 법적 실질 규정의 적용

산업재산권 취득과 관련하여 과세권자가 선택하는 주된 과세 근거 법령은 부당행위계산부인이다. 이 규정은 법적 실질 규정으로써 실제적 사실이 어떠하든 법령이 열거하는 사항에 해당하는 경우라면 과세 대상이 된다. 따라서 산업재산권의 취득 거래가 법인세법 부당행위계산부인 규정을 적용받는 자산 또는 거래인지가 핵심 쟁점이 된다.

나. 소득처분에 의한 결정

서면조사에 의한 수정신고 권장이든 실지조사에 따라 과세가 이루어진 경우든 모두 같이 이 같은 세액 결정은 소득처분에 의한 결정에 해당한다. 소득처분이란 기타소득을 상여로 보아 소득의 종류를 변경하는 처분이므로 소득처분에 의한 결정은 납세자에게 수정신고 안내문이 송달된 날 또는 소득금액 변동통지서의 송달일에 처음으로 납세의무가 성립하며, 소득금액 변동통지에 의한 소득세 등의 신고기일에 납세의무가 확정된다.

이러한 사실은 산업재산권을 취득하고 대금을 지급한 날은 납세의무의 성립과 확정, 그리고 국세기본법 제45조의2가 규정하는 경정청구 기산일을 계산하는 데는 아무런 관련이 없다는 뜻이다. 이런 사실은 처분과 관련한 경정청구 및 불복 청구 기한의 이익과 관련된 매우 중요한 사안이다.

다. 조세회피행위라는 주장

과세권자는 산업재산권 취득거래를 조세회피행위라고 보아 세무조사를 착수했고 세금을 부과하거나 수정신고를 요구했다. 조세회피는 반드시 과세 되어야 하는 중대한 사안이며, 실질과세는 조세회피 대응을 목적으로 구성된 법원리이므로 조세회피 여부는 반드시 실질과세 법원리에 따라 판단되어야 한다.

5) 부과 처분의 쟁점

가. 법률요건의 불확정성

법인세법 부당행위계산부인은 원칙상 열거주의를 채택하면서도 '그 밖에 제1호부터 제3호까지, 제3호의2, 제4호부터 제7호까지, 제7호의2, 제8호 및 제8호의2에 준하는 행위 또는 계산 및 그 외에 법인의 이익을 분여하였다고 인정되는 경우'(법인세법 시행령 제88조 제1항 제9호)라는 포괄 과세 규정을 포함하고 있다. 산업재산권은 법인세법 시행령 제88조 열거 규정에는 해당하지 않는 자산이므로 과세권자는 부당행위계산부인 규정을 단순 적용할 수 없고 포괄 규정에 따라 적용 여부를 판단하여야 하는데 그렇다면 취득한 산업재산권이 무수익 또는 불량자산이거나 산업재산권 취득 대가가 시가보다 높은 가액을 지급한 사실을 입증하여야 과세가 가능할 것으로 보인다.

그런데 법인세법 시행령 제89조는 「감정평가 및 감정평가사에 관한 법률」에 따른 감정평가법인 등이 감정한 가액이 있는 경우 그 가액(감정한 가액이 2 이상인 경우에는 그 감정한 가액의 평균액). 다만, 주식등 및 가상자산은 제외한다.'(제2항 제1호)라고 규정하고 있고 모든 산업재산권 취득거래는 감정평가사가 작성한 감정평가액을 기준으로 대가를 지급하였다고 가정하면 '대가가 시가보다 높은 가액을 지급'한 사실은 애당초 적용할 여지가 없다. 과세권자는 감정평가액에 대한 진위를 판단할 권한이 없기 때문이다.

또 특허권은 현재 상황만으로 가치 판단을 할 수 없는 특성을 가진다. 특허권은 당장 아무런 사용 가치가 없다고 하더라도 미래에까지 그럴 것이라고 단정하기는 어렵고, 특허권의 기능적 가치가 생산 효과나 원가 절감 효과에 국한되는 것이 아니다. 영업 등 대외 활동과 특허 사냥꾼 등으로부터 기업을 보호하는 데 작용하는 '대외용 재산'이 될 수도 있고 이런 무형의 가치 역시 수익으로 환원될 수 있으므로 무수익 자산이라고 단정하기가 사실상 어렵다. 그렇다면 산업재산권 취득거래는 원천적으로 부당행위계산부인 적용 대상이 아닌 것으로 볼 수 있다.

나. 실질 발명자 판단은 부당행위계산부인이 규정하는 사실 요건인가

과세권자는 산업재산권 취득과 관련 발명 노트의 제출을 요구하여 등록된 발명자가 실질 발명자인지를 가리고 있다. 실제 많은 경우 과세권자는 기업 부설연구소가 있는 경우 등록된 발명자는 실질 발명자가 아니라고 보아 이를 근거로 과세하고 있는데 특허권에 등록된 발명자가 실지 발명자인지 아닌지를 가리는 일이 과연 '취득한 산업재산권이 무수익 또는 불량자산이거나 산업재산권 취득 대가가 시가보다 높은 가액인지'를 가려서 법인세를 부과한다는 부당행위계산부인 규정에서 열거하는 법률요건에 해당하는 사실 요건, 즉 사실 판단 사항인지 의문이 든다. 또한 등록된 발명자가 실질 발명자가 아니라고 하더라도 과세권자가 실질 발명자라고 주장하는 회사는 절대 발명자가 될 수 없다. 발명자는 반드시 '사람(人間)'이어야 한다.

특허법 제33조(특허를 받을 수 있는 자) ① 발명을 한 사람 또는 그 승계인은 이 법에서 정하는 바에 따라 특허를 받을 수 있는 권리를 가진다. 다만, 특허청 직원 및 특허심판원 직원은 상속이나 유증(遺贈)의 경우를 제외하고는 재직 그리고 발명자가 없으면 특허는 등록할 수 없으며, 과세권자는 등록된 특허의 발명자를 부인하는 것이므로 그렇다면 특허권과 관련해서 법인세법 시행령 제88조 제1항 제9호가 규정하는 법률요건에 부합하는 사실 요건의 범위는 등록된 발명자가 실질 발명자가 아니라는 사실만으로 과세요건을 구성할 수 없고 실질 발명자가 누구인지를 입증하여야 등록된 발명자가 실질 발명자가 아니라는 사실이 확정된다.

또 등록된 발명자가 실질 발명자가 아니라고 하면 등록된 발명자는 실질 발명자로부터 대가를 주고 권리를 취득하였거나 무상으로 특허권을 취득 한 승계인이 되므로 발명자로서 권리, 즉 특허법이 규정하는 특허권을 자기 명의로 취득할 수 있는 권리에는 아무런 변동이 발생하지 않는다. 발명자의 진위를 가리는 일은 실상 부당행위계산부인을 적용하는 사실 요건과는 아무런 관련이 없는 일이다. 덧붙여 등록된 발명자가 특정 개인으로부터 무상으로 특허 권리를 취득했다면 시가에 해당하는 가액에 대하여 증여세를 부과하거나 법인으로부터 취득하였으면 특허권을 법인으로부터 무상 취득[54]한 사실을 원인으로 상여 처분을 함으로써 과세해야 할 일이지 부당행위계산을 적용할 사안이 아닌 것으로 생각된다.

---

54 과세권자가 발명자의 권리를 무상 취득하였다는 사실을 원인으로 과세한다면 회사 또는 특정인이 특허권의 실질 발명자라는 사실을 반드시 입증하여야 한다.

6) 부과 처분과 관련한 소견

가. 실질과세 사실 요건 구성 위반

국가 채권으로서 조세는 '법률요건'과 '사실 요건'이라는 두 가지 요소가 충족될 때 채권의 존재 사실이 입증된다. 사실 요건은 세법의 법률요건을 완성하는 구체적 사실을 말한다. 따라서 어떤 사실관계 판단이 사실 요건이 되기 위해서는 법률요건에 부합하는 사실이 되어야 한다.

그런데 산업재산권 취득거래는 부당행위계산부인 규정이 과세요건을 직접 규정하는 자산이 아니므로 '무수익자산 또는 불량자산에 해당하는지 여부, 시가 초과 지급 사실 여부'만이 법률요건이므로 사실 요건은 이러한 사실을 입증하는 것을 말한다. 하지만 앞서 살펴본 것처럼 감정평가액에 따라 산업재산권을 취득한 거래에 대해서는 이런 사실을 입증할 현실적 방안은 존재하지 않는 것으로 확인된다. 이런 이유로 과세권자는 기업 부설 연구소가 사실상 발명하였을 것이라는 사실에 기초하여 발명자 권리를 부인하였다. 하지만 등록된 발명자가 실질 발명자가 아니라고 하는 사실은 실질 사실이 그렇다고 하더라도 법률요건이 아니므로 사실 요건 구성과 무관한 사실이다. 즉 법률이 규정하는 사실 판단 범위를 넘어선 판단이다. 그렇다면 과세권자는 부당행위계산부인을 적용한다고 하면서 부당행위계산부인이 규정하지 아니하는 사실 요건을 근거로 세액을 부과한 것이 된다.

나. 조세회피의 미입증

과세권자는 산업재산권 취득거래를 조세회피행위라고 주장하고 있으나 조세회피행위를 입증한 사실이 없다. 조세회피 여부는 실제적 사실과 법적 사실로 입증된다. 먼저 과세권자는 산업재산권 취득거래에서 아무런 허위 사실을 제시하지 못했다. 산업재산권을 실제 기업 부설연구소가 발명하였다고 하더라도 등록된 발명자는 연구소로부터 발명자 권리를 승계한 것이므로 특허권을 자신 명의로 취득할 수 있는 권리관계가 달라지지 않으며, 실제 특허권의 양도가 있었고 공신력 있는 감정평가액에 따라 대금이 지급되었다. 그렇다면 실제적 사실에 있어서는 아무런 '사위(詐僞)'가 없는 것이다. 법적 사실에 대해서도 마찬가지다. 산업재산권 취득거래를 과세 대상으로 삼고 있는 법적 실질 규정을 과세권자는 제시하지 못했으므로 법적 사실로도 입증된 바가 없다.

실제적 사실과 법적 사실 외 조세회피를 입증할 수 있는 다른 방안은 없다. 조세를 회피했다는 필요경비 60% 적용은 과세권자가 허위의 사실임을 입증하지 못한 산업재산권의 양도에 적용된 합법적으로 공제된 세금이지 회피된 세금이 아니다. 사실이 이러함에도 산업재산권 취득 거래가 조세회피행위라고 주장한다면 과세권자는 세법이 조세회피로 규정하지 아니하는 거래를 조세회피로 규정하는 것이다. 그렇다면 과세권자는 또 다른 세법이거나 세법 위에 군림하는 존재가 된다.

7) 분석과 평가

실질과세는 2개의 사실 범주로 구성된다. 실제적 사실과 법적 사실이다. 법적 사실은 다시 법적 실질과 경제적 실질로 구분된다. 실제적 사실은 주관의 개입이 없는 사실이다. 법적 사실은 법으로 규정하는 주관적 사실이다. 법적 사실은 실질의 관점에서 법적 실질이 된다.

부당행위계산부인은 세법의 대표적 법적 실질 규정이다. 부당행위계산부인이 규정하는 가장 전형적인 유형이 특수관계자 간에 이루어지는 고저가 양도·양수 거래에 대한 과세다. 고저가 여부를 판단하여야 하므로 시가 개념이 필요하다. 산업재산권 취득거래는 특수관계자로부터 취득한 자산이 사업에 꼭 필요한 자산인지 지급 대가는 적정한지가 관건이 된다. 산업재산권은 세법이 시가로 인정하는 감정평가액에 따라 거래되었으므로 이에 대해서는 애초 논란이 될 이유가 없다. 그러므로 과세권자는 사업에 필요하지 않은 자산을 취득하였다는 사실을 입증해야 조세채권이 성립하는데 이를 입증하지 못했다.

또한 산업재산권을 법인에 양도한 주체가 소유권의 실질 주체인지는 법률요건이 아니므로 원천적으로 사실 여부를 따질 사안이 되지 않는다. 과세권자는 입증할 이유가 없는 사실[55]을 법적 사실인 것처럼(법률이 그러한 사실을 과세요건으로 규정하고 있는 것처럼) 의제를 스스로 창설하여 과세한 것이다. 과세권자는 산업재산권 취득거래에 대해 부당행위계산부인을 적용한다고 했지만 실상 부당행위계산부인 규정이 과세 대상으로 규정하지 아니하는 사안에 적용하였으므로 산업재산권 취득거래에 대한 과세는 모든 경우 법률요건을 위배하는 처분으로 생각된다.

❸ 완전포괄주의 과세 사례 연구

증여세와 상속세 완전포괄주의 과세의 명운은 이미 판가름이 났다. 더 이상 과세 규정으로서 기능을 기대하기 어려운 상황이 되고 말았다. 그리고 이런 운명은 처음부터 예견됐던 일이다. 그럼에도 법률 입법이 강행되었던 것은 완전포괄주의가 과세 규정으로서 기능을

---

55 입증할 이유가 없다는 말은 입증하더라도 과세할 권한이 없다는 말이다.

예정했다기보다 팻말 효과를 노린 전시용 입법의 성격이 강했기 때문이다.

누군가 '이 땅은 사유지이니 돌아서 가시오'라고 써서 팻말을 써서 세웠다고 하자. 팻말을 붙인 사람이 모든 사람이 그 팻말의 말을 믿고 땅을 돌아서 가 주기를 기대하지는 않았을 것이다. 그렇다고 효과가 아주 없지도 않을 것이다. 완전포괄주의는 그런 팻말을 의미하는 입법이었다고 본다. 입법 시기가 부자에게 적대감을 보이던 참여정부 임기 첫해였다.

그리고 완전포괄주의는 그동안 과세 사례가 너무 적었다. 과세권자가 먼저 몸을 사렸다. 그렇다 보니 실질과세와 관련한 의미가 있는 과세 사례를 찾아내기도 쉽지 않다. 이미 오래전 사실상 사문화된 법령을 새삼스레 분석하는 일도 달가운 일이 아니다. 사실이 그러함에도 이 단락을 설정한 이유는 실질과세에 있어서 완전포괄주의가 갖는 의의와 실패의 원리를 확인하기 위해서다. 실패한 실질과세 제도는 실질과세를 이해하는데 더없이 좋은 교재가 될 수 있다.

이 책은 앞서 사실과 실질의 관계 및 실질과세 개념도를 제시하였다. 이 도식은 실질 이전에 사실이 먼저 있다는 걸 보여준다. 그리고 사실은 실제적 사실과 법적 사실 두 가지가 있으며 법적 사실은 실제적 사실 중 일부를 차지하고 있다. 그런데 법적 사실은 실제적 사실 바깥에 또 하나의 사실을 거느리고 있는데 그 사실이 상증세법이 창안한 경제적 사실이다. 경제적 사실은 완전포괄주의 과세제도를 말한다.

완전포괄주의가 실제적 사실 바깥에 존재하고 있다면 실제적 사실이 아닌 사실이라는 말이 된다. 실제적 사실이 아니라면 가상의 사실이다. 우리가 그림을 통해서 얻을 수 있는 논리적 결론은 완전포괄주

133

의는 가상의 사실을 과세 대상으로 하는 실질과세 규정이라는 사실
이다.

완전포괄주의가 오래전부터 불구의 규정이 된 것은 과세 근거 법
령, 즉 과세표준을 산출하는 법령을 가질 수 없다는 이유 때문이었
다. 근거 법령이 없다는 사실은 가상의 사실을 과세 대상으로 삼는다
는 말의 현실적 표현이자 법률로서 하자를 지칭한다.

가상의 사실은 있는 그대로 사실이 아니라 과세권자가 주관적으로
설정하는 사실이라는 뜻이기도 하다. 그리고 이러한 주관적 사실은
법률로서 예정할 수 없는 가변적 사실이다. 완전포괄주의는 조세법
률주의의 한계를 넘어서는 과세 규정인 셈이다. 과세 근거 법령을 가
지지 못하는 완전포괄주의 과세 규정에 대해 대법원은 다음과 같은
판결을 하였다.

- 다음 -

(1) 구 상속세 및 증여세법(2003. 12. 30. 법률 제7010호로 개정되기 전의
것)은 '증여'의 개념에 관한 고유의 정의 규정을 두지 않고 민법상 증여의 개념
을 차용하여 '당사자 일방이 무상으로 재산을 상대방에게 수여하는 의사를 표
시하고 상대방이 이를 승낙함으로써 재산 수여에 대한 의사가 합치된 경우'를
원칙적인 증여세 과세대상으로 하되, 당사자 간의 계약에 의하지 아니한 부의
무상이전에 대하여는 증여로 의제하는 규정(제32조 내지 제42조)을 별도로
마련하여 과세하였다. 그 결과 증여의제규정에 열거되지 아니한 새로운 금융
기법이나 자본거래 등의 방법으로 부를 무상이전하는 경우에는 적시에 증여세
를 부과할 수 없어 적정한 세 부담 없는 부의 이전을 차단하는 데에 한계가 있
었다.
이에 과세권자가 증여세의 과세대상을 일일이 세법에 규정하는 대신 본래 의
도한 과세대상뿐만 아니라 이와 경제적 실질이 동일 또는 유사한 거래·행위에
대하여도 증여세를 과세할 수 있도록 함으로써 공평과세를 구현하기 위하여
2003. 12. 30. 법률 제7010호로 개정된 상속세 및 증여세법은, 민법상 증여

분만 아니라 '재산의 직접·간접적인 무상이전'과 '타인의 기여에 의한 재산가치의 증가'를 증여의 개념에 포함하여 증여세 과세대상을 포괄적으로 정의하고 종전의 열거방식의 증여의제규정을 증여시기와 증여재산가액의 계산에 관한 규정(이하 '가액산정규정'이라 한다)으로 전환함으로써, 이른바 증여세 완전포괄주의 과세제도를 도입하였다.

이와 같이 변칙적인 상속·증여에 사전적으로 대처하기 위하여 세법 고유의 포괄적인 증여 개념을 도입하고, 종전의 증여의제규정을 일률적으로 가액산정규정으로 전환한 점 등에 비추어 보면, 원칙적으로 어떤 거래·행위가 법 제2조 제3항에서 규정한 증여의 개념에 해당하는 경우에는 같은 조 제1항에 의하여 증여세의 과세가 가능하다고 보아야 한다.

(2) 그러나 한편 증여의제 규정의 가액 산정 규정으로의 전환은 증여의제에 관한 제3장 제2절의 제목을 '증여의제 등'에서 '증여재산가액의 계산'으로 바꾸고, 개별 증여의제규정의 제목을 '증여의제'에서 '증여'로, 각 규정 말미의 '증여받은 것으로 본다'를 '증여재산가액으로 한다'로 각 개정하는 형식에 의하였고, 그로 말미암아 종전의 증여의제규정에서 규율하던 과세대상과 과세범위 등 과세요건과 관련된 내용은 그대로 남게 되었다. 즉 개별 가액산정규정은 일정한 유형의 거래·행위를 대상으로 하여 거래 당사자 간에 특수관계가 존재할 것을 요구하거나, 시가 등과 거래가액 등의 차액이 시가의 30% 이상일 것 또는 증여재산가액이 일정 금액 이상일 것 등을 요구하고 있고, 이러한 과세대상이나 과세범위에 관한 사항은 수시로 개정되어 오고 있다. 이는 납세자의 예측가능성과 조세법률관계의 안정성을 도모하고 완전포괄주의 과세제도의 도입으로 인한 과세상의 혼란을 방지하기 위하여 종전의 증여의제규정에 의하여 규율되어 오던 증여세 과세대상과 과세범위에 관한 사항을 그대로 유지하려는 입법자의 의사가 반영된 것으로 보아야 한다.

따라서 납세자의 예측가능성 등을 보장하기 위하여 개별 가액산정규정이 특정한 유형의 거래·행위를 규율하면서 그중 일정한 거래·행위만을 증여세 과세대상으로 한정하고 그 과세범위도 제한적으로 규정함으로써 증여세 과세의 범위와 한계를 설정한 것으로 볼 수 있는 경우에는, 개별 가액산정규정에서 규율하고 있는 거래·행위 중 증여세 과세대상이나 과세범위에서 제외된 거래·행위가 법 제2조 제3항의 증여의 개념에 들어맞더라도 그에 대한 증여세를 과세할 수 없다. **(출처: 대법원 2015.10.15. 선고 2013두13266 판결 [증여세등부과처분취소])**

완전포괄주의가 실제적 사실 바깥에 울타리를 치고 있는 그림의 또 다른 의미는 조세회피 적용을 특수관계자 외 거래에까지 확대하고 있다는 사실과 관련되어 있다. 완전포괄주의가 비록 사문화되었다고는 하지만 특수관계자 외 고저가 거래에 대해서는 지금도 여전히 활발하게 과세하고 있다.

가령 특수관계가 없는 당사가 간에 회사 주식을 매매하면서 시가 30억 원에 해당하는 주식을 10억 원에 거래하였다면 17억 원을 과세표준으로 하여 증여세를 부과하게 된다. 만약 완전포괄주의가 법적 실질의 과세 기준처럼 특수관계자 거래에 한정하는 전통을 고수하였다면 울타리는 실제적 사실 영역 안에 놓이게 되었을 것이다. 그림은 또 완전포괄주의는 경제 활동의 자유와 창의를 침해하는 법률로서 위헌성을 안고 있다는 암시를 담고 있기도 하다.

증여세 완전포괄주의는 이전에 없던 경제적 실질을 창안하는 등 실질과세의 지평을 확대하는 혁신과 모험을 보여주었음에도 처음부터 제기된 우려와 난관을 극복하지 못했다. 우려는 조세법률주의와의 충돌이었다. 그리고 조세법률주의와 마찰을 극복하기 위해 다양한 시도를 펼쳤지만 모두 무위에 그쳤다. 완전포괄주의는 분명히 실패한 사례다. 그렇지만 이런 실패의 경험을 통해서 실질과세와 조세법률주의의 관계에 대한 이해가 분명해진다면 실패가 마냥 헛된 일만은 아닐 것이다.

제7장

실질과세 관련 판례 등에 대한 소견

제7장

실질과세 관련 판례 등에 대한 소견

1 조세심판원 결정에 대한 소견

1) 주식 증여 후 소각 거래에 대한 심판청구(사례)

주식 증여 후 소각 거래와 산업재산권 취득거래에 대한 과세가 양산되자 많은 불복 청구서가 조세심판원(이하 '심판원')에 제출되었다. 심판원이 홈페이지에 공개하는 결정 사례에서는 주식 증여 후 소각 거래 관련해서는 2021년 이후 약 100건, 산업재산권 취득거래와 관련한 사례는 2018년 이후로 약 50건이 검색된다. 2024.7월 현재 심판원은 주식 증여 후 소각 거래와 산업재산권 취득거래는 모든 청구를 예외 없이 기각하였다.

주식 증여 후 소각 거래에 대해서는 대체로 귀속의 실질을 쟁점으로 청구가 제기된 것으로 확인된다. 귀속의 실질을 다투는 청구는 '소각 대금이 주식 수증인에게 귀속되었음에도 주식 증여인에게 소득세를 부과하는 처분은 부당하다'라는 논리였다.

이러한 청구에 대해 심판원은 한결같은 반응을 보였다. 심판원은 의례 "국세기본법 제14조 제3항을 둔 취지는 과세 대상이 되는 행위 또는 거래를 우회하거나 변형하여 여러 단계의 거래를 거침으로써 부당하게 조세를 감소시키는 조세회피행위에 대처하기 위하여 그와 같은 여러 단계의 거래 형식을 부인하고 하나의 행위 또는 거래로 보아 과세할 수 있도록 한 것으로서, 실질과세 원칙의 적용 태양 중 하나를 규정하여 조세 공평을 도모하고자 한 것(대법원 2017.12.22. 선고 2017두57516 판결, 같은 뜻임)인 바" 쟁점 주식 거래는 "의제배당에 따른 종합 소득세를 회피하기 위한 목적 외 다른 합리적인 이유는 없어 보이는 점 등에 비추어 처분은 달리 잘못이 없다고 판단된다"라며 청구를 기각한다.

그런데 2023.6.12. 귀속의 실질을 다투는 이전의 획일적인 청구 논리와는 다른 청구서(사건번호 조심2023중8285, 이하 '새 청구서'라고 하자)가 심판원에 접수되었다.

새 청구서는 법인 대표이사가 자신의 배우자와 자녀 2명에게 주식을 증여한 후 소각하여 소각 대금은 배우자와 자녀가 가지도록 했는데 중부지방국세청이 이러한 사실에 대해 세무조사를 실시 국세기본법 제14조 제3항을 근거 법령으로 주식 증여자에게 배당소득세 등 13억 원을 처분한 사실에 대한 청구서다. 새 청구서 청구 이유의 논지는 다음과 같다.

- 다 음 -

가. 국세기본법은 법인세 및 소득세 등 부과결정의 근거 법령이 될 수 없다.

나. 국세기본법 제14조 제3항을 적용한다는 것은 세법의 의제 규정 등을 적용하는 것을 말한다.

다. 세법상 의제는 일반 의제와 특수관계자간거래에 적용하는 의제인 부당행위계산부인으로 나뉜다.

라. 청구 세액은 부당행위계산부인 규정을 적용하여 처분하였어야 하며, 소득세법은 배당소득에 대해서는 실질과세 규정인 부당행위계산부인을 적용하지 아니한다.

이러한 새 청구서에 대해 심판원은 2023.10.19. 심리를 종결하고 심리 결과를 행정실에 넘겼는데 행정실이 심판관회의 결정에 의문을 제기 2023.11.21. 심리재개를 요청하였으며, 심판관실은 이를 받아들여 2023.12.14. 2차 심판관 회의가 열렸다. 심판관 회의에는 청구인에게 진술권이 부여되어 있어 참석 의사를 밝혔으나 심판원은 청구인의 참석을 만류하였고, 여러 번 진술 의사를 밝혔음에도 청구인에게 쟁점에 대한 진술 기회를 허용하지 않은 채 기각으로 종결하였다.[56]

조세심판원 운영규정
[시행 2023.4.24.] [국무조정실훈령 제190호, 2023.4.24., 일부개정.]

제23조의3(심리재개) 행정실장으로부터 제23조에 따른 보고를 받은 심판원장은 조세심판관회의의 심리내용에 중요 사실관계의 누락, 명백한 법령해석 오류가 있는 경우에는 제22조 제6항에 따라 의결내용을 통보받은 날로부터 20일 이내에 심리재개 사유를 구체적으로 명시하여 주심조세심판관에게 다시 심리할 것을 요청할 수 있다. 다만, 심판원장은 필요하다고 인정하는 경우 조정검토 기간을 연장할 수 있다.

2) 조세심판원 기각 결정의 내용

심판원은 청구 주장에 대해서는 아무 언급 없이 앞서 언급한 판례(대법원 2017.12.22. 선고 2017두57516)를 인용하는 것으로 기각 결정을 하였다. 하지만 해당 대법원 판례는 '국패'판결로서 판결문의 결정은 오히려 조세심판원의 결정과 정반대 결정을 내리고 있다. 판결의 요지는 다음과 같다.

---

56 조세심판원 심리재개는 극히 이례적인 일로 알려져 있다. 청구인들은 심판관회의에서 인용 결정이 있었고, 행정실이 나서 이를 번복한 것으로 짐작하지만 실상을 알 길이 없다.

- 다 음 -

【원고, 피상고인】 유한회사 bbb익스프레스코리아 (소송대리인 변호사 ddd 외 4인)

【피고, 상고인】 강서세무서장

【원심판결】 서울고법 2017. 7. 25. 선고 2017누35822 판결

【주 문】

상고를 기각한다. 상고비용은 피고가 부담한다.

〈판결 요지〉

국세기본법에서 이와 같이 제14조 제3항을 둔 취지는 과세대상이 되는 행위 또는 거래를 우회하거나 변형하여 여러 단계의 거래를 거침으로써 부당하게 조세를 감소시키는 조세회피행위에 대처하기 위하여 그와 같은 여러 단계의 거래 형식을 부인하고 실질에 따라 과세대상인 하나의 행위 또는 거래로 보아 과세할 수 있도록 한 것으로서, 실질과세의 원칙의 적용 태양 중 하나를 규정하여 조세공평을 도모하고자 한 것이다. 그렇지만 한편 납세의무자는 경제활동을 할 때에 동일한 경제적 목적을 달성하기 위하여 여러 가지의 법률관계 중의 하나를 선택할 수 있고 과세관청으로서는 특별한 사정이 없는 한 당사자들이 선택한 법률관계를 존중하여야 하며(대법원 2001. 8. 21. 선고 2000두 963 판결 등 참조), 또한 여러 단계의 거래를 거친 후의 결과에는 손실 등의 위험 부담에 대한 보상분 아니라 외부적인 요인이나 행위 등이 개입되어 있을 수 있으므로, 그 여러 단계의 거래를 거친 후의 결과만을 가지고 그 실질이 하나의 행위 또는 거래라고 쉽게 단정하여 과세대상으로 삼아서는 아니 된다.

이처럼 조세심판원은 위 판결문의 최종 판단(국패)이 아니라 전단 문장 일부만을 발췌하여 결정의 근거로 삼는 선뜻 이해하기 어려운 방식으로 판례를 인용했다. 판결의 결정 내용이 아니라 실질과세와 관련한 판례의 문장 가운데 심판원 자신들의 뜻을 지지하는 문장 일부를 발췌하여 기각 결정의 이유로 제시한 것이다. 하지만 결정문에 판례번호를 붙였으면 그 판례의 최종 결정 내용을 인용하는 것이 상식인데 판결문의 부분 문장을 인용해서 원판결의 최종 결정과 정반

대되는 결정문의 결정 이유로 제시하는 이런 인용법은 도대체 어디서 유래된 것인지 모르겠다.

이러한 사실로 미루어 보면 심판원은 청구에 대하여 객관적 사실을 근거로 판단하고 자유로운 심증에 따라 청구를 결정하는 것이 아니라 미리 정해 놓은 방침, 자신들 구미에 맞추어 판례나 사실관계를 이리저리 짜 맞추는 방식으로 결정문을 쓰는 것 같다.

심판원이 자신들 입맛에 따라 사건을 결정한다면 객관성과 공정성과는 거리가 먼 태도일 뿐만 아니라 이런 행태는 심판원 스스로 조세 심판원의 존립 근거를 허무는 행위다. 국세기본법은 세법이 아니므로 부과 처분의 근거 법령이 될 수 없다는 기초적이고 상식적인 사실에 대해서조차 귀 막고 눈 감고 외면하는 심판원이 무슨 조세 심판 결정을 한다는 말인가. 새 청구서는 배당소득은 실질과세를 적용할 수 없는 실질과세 예외 소득이라는 사실도 세법을 근거로 논증을 제시했다. 그럼에도 심판원이 새 청구를 기각하는 것을 보면 절박한 심정으로 제출한 납세자의 청구를 모두 이런 식으로 판단한 건 아닌지 모르겠다. 그렇지 않고서야 어떻게 100건의 청구가 단 한 건의 예외도 없이 기각되는 일이 벌어질 수 있겠는가. 그리고 심판원이 실제 이런 방식으로 결정을 할 수 있다면 반대의 경우도 없다고 장담할 수 있을는지 의문이 든다.

산업재산권 취득거래와 관련한 심판원의 결정도 마찬가지다. 산업재산권 취득거래에 대한 과세에서 과세권자는 등록된 발명자가 실질 발명자가 아니라는 사실을 근거로 과세했다. 하지만 엄밀히 말해 실질 발명자가 입증된 것이 아니라 등록된 발명자가 실질 발명자가 아닌 걸로 추정하는 것에 불과하다. 연구소가 있다고 해서 발명자가 아니라고 단정할 수는 없고 연구소 직원과 협력해서도 얼마든지 발명할 수도 있는 일이다. 또는 연구소 직원 중 일인 또는 복수의 여러 사람이 창작한 것을 승계하여 발명자로 등록할 수 있다. 그리고 실질 발명자가 아니라는 사실이 입증되었다고 하더라도 승계자도 발명자로 등록할 수 있으므로 처분과 같이 과세할 수는 없다. 과세권자 논리대로라면 등록 발명자는 재산적 가치가 있는 권리를 누군가로부터 무상으로 취득했을 수 있는 것이다. 그렇다면 이러한 사실을 밝혀 증여세를 과세하는 것이 과세권자로서 옳은 태도다.[57] 심판원이 정상적 심리를 한다면 과세 논리의 이러한 결함을 지적하고 이를 결정서에 반영하였어야 함에도 그렇게 하지 않고 고민도 앞뒤도 없는 이유를 들어 청구를 기각해 왔다. 산업재산권 취득거래 관련 심판청구 50건 모두가 아래 한 문장의 결정으로 요약된다.

> "aaa은 청구 법인의 대표이사이므로 aaa이 쟁점 특허권의 고안에 기여하였다고 하더라도 이는 본연의 업무를 수행한 것으로 볼 수 있는 점 등에 비추어, 처분청이 쟁점 특허권을 청구 법인의 것으로 보아 쟁점 특허권의 양도대 금을 aaa에 대한 상여로 소득처분하고 청구 법인에게 법인세를 부과한 이 건 처분은 달리 잘못이 없는 것으로 판단된다."

---

57 심판원은 과세권자의 주장을 아무런 여과 없이 그대로 결정문에 반영하고 있지만 특허 발명자는 자연법칙에 관한 지적 기술적 능력을 창작한 사람(人間)을 말하며, 실질 발명자든 승계한 발명자든 발명자가 없이는 특허를 등록할 수 없고 승계받은 발명자도 특허권을 자신의 권리로 등록할 수 있는 권리를 가진다. 따라서 과세권자자 주장하고 심판원이 그대로 따라주는 '등록된 발명자는 실질 발명자가 아니므로 특허권의 소유자는 회사'라는 판단은 당장 특허법에 반하는 결정이다.

50여 건 결정문을 보면 꼭 한 사람이 쓴 것처럼 천편일률이다. 사건마다 심리위원이 다르고 쟁점이 조금씩이나마 다른 사안들일 텐데 결정문을 있는 그대로 읽으면 서로 다른 심판관들이 서로 다른 시간에 서로 다른 사건에 출석해서 수년 동안 똑같은 의견을 낸 것처럼 들린다. 자유심증에 따른 심리가 정상적으로 이루어진다면 도무지 있을 수 없는 일이 아닌가 생각된다. 조직 내부에 심판관의 자유 심리 원칙을 지속적으로 방해하는 누군가의 행위가 있지 않고서는 이런 일이 일어나기는 어렵다고 본다. 심판원 내부 통일성의 원칙[58]도 이유가 되지 않는다. 통일성이란 과세처분과 쟁점 사안이 같은 사건을 말하는 것인데 비슷할 수는 있지만 똑같은 사건은 있을 수가 없다. 사실의 전개가 다르고 청구 주장이 다르고 쟁점이 다르면 완전히 다른 사건이다. 앞서 말한 주식 증여 후 소각 거래(사건번호 조심2023중8285)는 처음 제기된 완전히 새로운 쟁점을 담고 있지만 심판원은 이전에 제기된 적이 없었던 새로운 청구 쟁점에 관한 판단은 통째 비워 놓고 종전 청구와 똑같은 결론으로 기각했다. 동일 사건이라서가 아니라 처음부터 결론을 내놓은 사건이라서 그렇게 된 것이다.

이유가 어떻든 예단과 선입견 편견에 사로잡혀 자신들 입맛에 따라 심리하고 결정한다면 심판원은 존재할 이유가 없다. 심판원에 대해 세법에 대한 능숙한 판단을 기대하는 사람이 누가 있겠는가. 다만 진실하고 성실하게 납세자의 주장에 귀를 기울여 판단하고 결정해 주기를 바라는 것인데 처음부터 결론을 미리 내놓고 청구인 이야기

---

58 통일성의 원칙은 과세와 청구가 모두 같을 때 적용될 여지가 있으나 과세와 청구가 같다고 해서 반드시 통일성의 원칙을 내세워 인위적으로 결정을 달리하는 것은 청구인 권리를 침해하는 행위라고 생각한다. 통일성의 원칙은 심판원 내부 지침일 뿐 청구인에게 불이익한 효력이 미칠 정당한 이유가 되지는 않는다.

144
실질과세론

를 듣는 시늉만 한다면 그건 국민을 우롱하는 일이다. 심리를 하지도 않으면서 심리 회의를 열었다면 그간 수억 원 또는 그 이상의 국고를 낭비한 것이다. 청구인 대리인들 진술 대리하러 오가는 데 들인 시간도 돈도 모두 헛것이 되고 말았다.

그리고 이런 일이 앞으로도 없다고 볼 수 없다. 그리고 주식 증여 후 소각 거래와 산업재산권 취득거래만 이런 일이 일어난 것도 아니다. 예나 지금이나 심판원은 실질과세라는 이름만 붙어 있으면 유독 주눅 드는 모습을 보여주었다. 그런 탓인지 심판원은 실질과세는 조세법률주의를 유보할 수도 있다는 과세권자의 위법한 결정에도 전적으로 동조해 왔다. 그렇다면 실질과세 관련 청구는 과거에도 그랬고 앞으로도 심리를 하나 마나 심판원은 과세권자 눈치만 볼 게 뻔해 보인다. 이럴 바에는 차라리 납세자에게 심판청구 심리 포기권을 부여해서 시간이라도 벌게 해 주는 편이 더 낫다고 본다. 심리 포기서를 제출하는 경우 전심을 이행한 것으로 인정해 주면 된다. 심리 포기 제도는 그렇지 않아도 청구 건수 많다고 하소연하는 심판원에게 업무 효율성에 도움을 주는 대안이 될 수도 있지 않겠는가.

② 법원 판례에 대한 소견

1) 실질과세 관련 대법원 판례의 형성과 수용

세법 외 실질과세 적용에 가장 큰 영향을 미치는 요인은 법원 판례다. 주식 증여 후 소각 거래에 대한 과세, 산업재산권 취득거래와 관련한 과세는 모두 법원 판례와 밀접히 연관되어 있다. 주식 증여 후 소각 거래에 대한 과세에서 과세권자는 처분의 근거 법리를 전적으로 판례에 의존하고 있을 정도다. 어쩌면 실무자들에게는 난해하고 추상적인 세법 법문보다 구체적이고 평이한 문장으로 법을 해석해 주는 판례에 대한 의존도가 더 높을지도 모른다.

실질과세와 관련 과세권자가 가장 자주 인용하는 판례(대법원 2012.1.19. 선고 2008두8499 전원합의체 판결)가 있다. 이 판례는 국세기본법 제14조 제1항을 근거로 간주 취득세를 부과한 처분과 관련된 판결이다. 판결문은 실질과세 원칙과 조세법률주의와 관련한 여러 원론적 내용을 다양하게 아우르며 여러 쟁점을 포괄하여 담고 있는데 판결문의 일부인 다음 내용이 과세권자의 입장을 지지하는 근거로서 자주 인용된다.

- 다 음 -

실질과세 원칙은 헌법상의 기본이념인 평등의 원칙을 조세법률관계에 구현하기 위한 실천적 원리로서, 조세의 부담을 회피할 목적으로 과세요건사실에 관하여 실질과 괴리되는 비합리적인 형식이나 외관을 취하는 경우에 그 형식이나 외관에 불구하고 실질에 따라 담세력이 있는 곳에 과세함으로써 부당한 조세회피행위를 규제하고 과세의 형평을 제고하여 조세정의를 실현하고자 하는데 주된 목적이 있다. 이는 조세법의 기본원리인 조세법률주의와 대립관계에 있는 것이 아니라 조세법규를 다양하게 변화하는 경제생활관계에 적용함에 있어 예측가능성과 법적 안정성이 훼손되지 않는 범위 내에서 합목적적이고 탄력적으로 해석함으로써 조세법률주의의 형해화를 막고 실효성을 확보한다는 점에서 조세법률주의와 상호보완적이고 불가분적인 관계에 있다고 할 것이다.

또 공교롭게도 이 판례가 형성된 시기는 국세기본법 제14조 제3항이 도입(2007.12.31. 개정)된 직후였으므로 국세기본법 제14조 제1항을 다룬 결정문임에도 점차 국세기본법 제14조 제3항을 해석하는 데 원용되기 시작하였으며, 이와 관련한 가장 대표적인 사례가 아래 서울고등법원(서울고등법원 2017.3.29. 선고 2016누53076 판결, 법인세 부과 처분 취소, 국승) 판례이다.

구 국세기본법 제14조 제3항은 2007. 12. 31. 법률 제8830호로 신설된 것으로서 '제3자를 통한 간접적인 방법이나 2 이상의 행위 또는 거래를 거치는 방법으로 이 법 또는 세법의 혜택을 부당하게 받기 위한 것으로 인정되는 경우에는 그 경제적 실질 내용에 따라 당사자가 직접 거래를 한 것으로 보거나 연속된 하나의 행위 또는 거래를 한 것으로 보아 이 법 또는 세법을 적용한다'고 규정하고 있다. 납세의무자가 선택한 거래형식은 원칙적으로 세법상 존중되어야 하고, 실질과세의 원칙만을 내세워 납세의무자가 선택한 거래형식을 부인하는 경우 납세의무자의 예측가능성 법적 안정성이 침해되고, 나아가 조세법률주의에 반하는 결과를 가져오게 된다. 그와 같은 이유로 구 국세기본법 제14조 제1항의 규정만으로 납세의무자가 선택한 거래형식을 부인할 수 있는지 여부에 대하여 견해의 대립이 있었다. 그러나 오로지 세법상 혜택을 받을 목적으로 거래형식 선택의 자유를 남용하는 납세의무자의 조세회피행위를 모두 허용한다면 조세형평에 반하는 결과가 될 뿐만 아니라 나아가 조세법률주의의 형해화를 가져오게 된다. 구 국세기본법 제14조 제3항은 실질과세의 원칙을 적용하여 제한적으로나마 경제적 실질에 의한 거래의 재구성을 인정하는 근거를 마련함으로써 점차 고도화·전문화되는 조세회피행위에 대응하기 위하여 마련된 규정이다. 따라서 구 국세기본법 제14조 제3항을 단순한 선언적 의미의 규정에 불과하여 그 자체로 규범력을 가지지 못하고 개별적, 구체적인 부인규정이 마련되어야만 비로소 적용될 수 있다는 해석은 받아들일 수 없고, 개별 세법을 적용함에 있어 일정한 요건을 갖춘 경우 납세의무자가 선택한 거래형식을 부인하고 그 거래를 재구성할 수 있는 근거 규정으로서 규범력을 가진다고 봄이 상당하다.

서울고등법원 판례는 국승 판례로서 원고가 상고를 포기함으로써 확정된 사건이다. 그리고 이 판례는 여러 다양한 조세 소송사건에 인용되어 오다가 주식 증여 후 소각 거래에 대한 최초 과세 사건인 창원지방법원(2020구합52335 종합소득세부과처분취소, 국승) 결정에 인용되었으며, 창원지법의 판결 요지는 다음과 같다.

이처럼 대법원 판례(대법원 2012.1.19. 선고 2008두8499 전원합의체 판결)는 실질과세 원칙을 '예측 가능성과 법적 안정성이 훼손되지 않는 범위 내에서 합목적적이고 탄력적으로 해석함으로써 조세법률주의의 형해화를 막고 실효성을 확보한다는 점에서 조세법률주의와 상호보완적이고 불가분적인 관계에 있다고 할 것이다.'라고 함으로써 조세법률주의에 의한 법적 실질주의를 유보할 수 있다는 해석의 단초를 제공하였으며, 서울고등법원(서울고등법원 2017.3.29. 선고 2016누53076 판결, 법인세 부과 처분 취소, 국승) 판례는 한 걸음 더 나아가 경제적 실질에 따라 거래를 재구성할 수 있다는 견해를 피력하였고, 창원지방법원(2020구합52335 종합소득세부과처분취소, 국승)은 거래를 재구성할 수 있다는 견해를 바탕으로 주식 증여 후 소각한 거래에 대한 주식의 취득가액을 증여 가액이 아니라 출자한 가액이라고 판단하여 원고 청구를 기각하였다.

국세기본법 제14조 제3항은 1, 2항과 달리 가장 늦은 2008.1.1.부터 시행된 법령이다. 제3항은 주식 증여 후 소각 거래 등 조세회피에 대한 대응 과세에 빈번하게 등장하는 근거 법령이 되고 있다.

이 책이 앞서 설명한 것처럼 실질과세는 국가 재정을 목적으로 하는 조세법에 내재하는 선험적 원리로 인정되므로 실질과세에 대한 별도 규정이 없다고 하더라도 이 원리에 따라 이루어진 과세처분은 일반적으로 정당한 과세로 받아들여져 왔다. 따라서 법인세법 (1949.11.7. 제정)과 소득세법(1949.7.15. 제정)은 제정 후 20여 년이 지난 1968.1.1. 처음 실질과세 원칙을 시행하였으며, 실질과세 원칙은 당초 각 세법에 따로 규정하여 운영하다가 국세기본법이 제정되면서 모두 국세기본법 체계로 이관되었다. 그후 상증세법과 국제조세법이 기존의 제1항과 제2항과 다른 실질과세 원칙을 규정하고 있으므로 국세기본법은 국세에 관한 기본적이고 공통적인 사항을 규정하는 법률이므로 2007.12.31. 이를 제3항으로 신설한 것이다.

2) 법원 판례에 대한 비판

앞서 살펴본 바와 같이 서울고등법원 판례는 국세기본법 제14조 제3항을 '실질과세의 원칙을 적용하여 제한적으로나마 경제적 실질에 의한 거래의 재구성을 인정하는 근거를 마련함으로써 점차 고도화·전문화되는 조세회피행위에 대응하기 위하여 마련된 규정'이라는 대담한 결론을 내렸다. 하지만 세법은 국세기본법 제14조 제3항을 그렇게 해석하지 않는다. 그 이유는 다음과 같다.

- 다음 -

국세기본법 제14조(실질과세) ③ 제3자를 통한 간접적인 방법이나 둘 이상의 행위 또는 거래를 거치는 방법으로 이 법 또는 세법의 혜택을 부당하게 받기 위한 것으로 인정되는 경우에는 그 경제적 실질 내용에 따라 당사자가 직접 거래를 한 것으로 보거나 연속된 하나의 행위 또는 거래를 한 것으로 보아 이 법 또는 세법을 적용한다.

「구, 국세법령정보시스템」 용어사전, 의제(擬制 legal fiction)
해설 내용: 진실에 반하는 사실이라고 하여도 법률상으로 특정하여 반대증거가 있어도 그 정한 사실을 변경시킬 수 없는 것을 의제라고 한다. 종래의 법문

에서는 이러한 경우를 간주한다는 말로 표현해 왔으나 현재에는 **본다**는 말로 규정하고 있다. 실종선고를 받은 자는 비록 살아 있어도 사망한 것으로 **본다**.

또한 제3항은 국세기본법에 신설되기 전 국제조세법이 실질과세 원칙으로 규정하던 법문이다. 국제조세법은 이 원칙에 근거하여 특수관계자 또는 특수관계법인 간 거래에 대하여 부당행위계산부인,[59] 간주, 특례의 방식으로 실질과세를 적용하고 있고, 상증세법은 증여세와 상속세에 대하여 포괄주의 과세를 적용하고 있다.

포괄주의 과세는 종전의 열거 규정을 예시 규정으로 전환하여 법령의 직접적인 규정이 없더라도 예시와 유사한 거래에 대하여 증여세와 상속세를 부과할 수 있는 근거를 마련한 일련의 상증세법 법령 개정을 말하는 것이다. 다시 말해 제1항과 제2항은 실제적 사실에 대하여 세법 일반규정을 적용하는 실질과세 원칙이며, 제3항은 법적 사실에 대하여 부당행위계산부인, 의제 등과 같은 세법의 법적 실질 규정을 적용하는 실질과세 원칙이다.

사실이 이러함에도 법원이 제3항을 달리 해석한 것은 조세법 법령 체계를 오인하였기 때문이다. 법원은 국세기본법을 세법으로 오인하였으며, 국세기본법 제14조 제3항을 모든 우회 거래에 직접 적용되는 과세 규정으로 오인하였다. 국세기본법의 실질과세 원칙은 과세 규정이 아니라 실질과세가 세법 공통의 원칙이기 때문에 규정하는 것이다. 그렇지만 대법원은 최근까지도 조세회피 의도가 있는 거래에 대해서는 국세기본법을 근거로 과세할 수 있다는 취지의 판례를 생산하고 있다. 아래는 판례의 요지다.

---

59 국제조세법이 규정하는 정상가격 제도는 사실상 부당행위계산부인 규정이다.

- 아 래 -

〈대법원 2022.8.25. 선고 2017두41313 판결〉

구 국세기본법 제14조 제3항은 "제3자를 통한 간접적인 방법이나 2 이상의 행위 또는 거래를 거치는 방법으로 이 법 또는 세법의 혜택을 부당하게 받기 위한 것으로 인정되는 경우에는 그 경제적 실질내용에 따라 당사자가 직접 거래를 한 것으로 보거나 연속된 하나의 행위 또는 거래를 한 것으로 보아 이 법 또는 세법을 적용한다."라고 규정하고 있다. 구 국세기본법 제14조 제3항을 적용하여 거래 등의 실질에 따라 과세하기 위해서는 납세의무자가 선택한 행위 또는 거래의 형식이나 과정이 처음부터 조세회피의 목적을 이루기 위한 수단에 불과하여 그 실질이 직접 거래를 하거나 연속된 하나의 행위 또는 거래를 한 것과 동일하게 평가될 수 있어야 한다. 그리고 이는 당사자가 그와 같은 형식을 취한 목적, 제3자를 개입시키거나 단계별 과정을 거친 경위, 그와 같은 방식을 취한 데에 조세 부담의 경감 외에 사업상의 필요 등 다른 합리적 이유가 있는지 여부, 각각의 행위 또는 거래 사이의 시간적 간격 및 그와 같은 형식을 취한 데 따른 손실과 위험부담의 가능성 등 제반 사정을 종합하여 판단하여야 한다.

이 판례는 국세기본법을 세법으로 오인하는 것뿐만 아니라 세법에 어긋나는 또 다른 관점을 포함하고 있다. 바로 조세회피행위를 과세권자가 판단한다고 보는 점이다.

조세는 국가에 의하여 행사되는 채권으로서 법률요건과 사실 요건의 충족을 조세채권의 성립 요건으로 한다. 판례의 관점대로 과세권자가 조세회피를 판단한다면 그러한 판단은 사실 요건을 말하는 것인데 사실 요건은 그 자체만으로는 법률효과를 나타낼 수 없고, 법률요건에 부합하는 사실이 되는 경우에만 법률효과를 가지는 것이다. 그렇다면 사실 요건이 법률요건에 부합하느냐 하는 것이 관건이지 종합하여 판단한다고 해서 법률효과가 발휘되지는 않는다. 그리고 사실 요건이 법률요건에 부합하여야 한다는 사실은 조세회피를 판단하는 주체가 세법이라는 사실을 말한다. 과세권자는 법률이 아니다.

만약 제3항을 세법 고유의 해석에 따르지 아니하고 몇몇 판례의 견해를 따른다면 사안에 따라 세법 일반규정과 변형된 세법을 적용함으로써 조세회피에 대응하여 과세하는 '조세회피 자동 판별 시스템'은 철거되고 세법은 풀무질 망치질 뚱땅거리는 대장간으로 짐을 싸 들어가는 꼴이 된다. 그리고 세법상의 부당행위계산부인, 의제, 특례, 등과 같은 실질과세 규정은 고유한 본래 의미를 상실하며 세법의 법률 체계와 근본 법리는 전복된다.[60]

또 판례가 과세 근거라고 생각하는 그 조문의 출처가 가까이로는 국제조세법에서 온 것이며, 2004년 상증세법이 규정하던 조문이다. 세법에 있던 조문이 국세기본법으로 그대로 넘어온 것이다. 그렇다면 그 조문이 세법에서도 '거래의 재구성'이라는 의미로 해석되었는가? 그 조문은 세법에서 의제, 부당행위계산부인, 간주, 특례로 해석되고 수십 년을 한결같이 그렇게 운용되어 왔고 지금도 그렇다. 그런데 똑같은 조문이 왜 세법에 있을 때는 의제, 국세기본법에 있으면 '거래의 재구성'이 되는지 모르겠다. 세법의 실질과세와 국세기본법의 실질과세가 서로 다른 실질과세인가? 그렇다면 누군가 그 이유를 설명해야 한다. 그리고 몇몇 판례에 따라 실질과세를 적용한다면 판례의 경향성은 다음과 같이 요약된다.

---

60 법원은 국세기본법 제14조 제3항이 신설되기 전에도 국세기본법을 근거로 실질과세가 적용되는 줄로 이해하고 있다는 사실은 여러 판례에서 쉽게 확인된다. 법원은 국세기본법과 세법을 구분하지 못하고 있으며 이러한 기초 인식의 오류는 실질과세 제도 전반에 대한 오해와 판결상의 반복적인 오류로 이어지고 있다.

〈몇몇 판례에 따른 실질과세〉

세목	적용 대상	실질과세 원칙	실질과세 적용유형	조세회피 판단대상	이자 배당 소득세 과세	과세 근거법령
전세목	국내 국외	있음	거래의 재구성	모든 거래	국내외 불문 모두 가능	국세기본법

제3항을 '거래의 재구성'으로 해석하는 판례만 있는 것이 아니라 이러한 견해에 반대하는 판례도 적지 않다는 사실도 확인할 필요가 있다.

〈대법원 2012.1.19. 선고 2008두8499 전원합의체 판결〉

납세의무자로서는 조세법률주의의 토대 위에서 조세의 부담을 제거하거나 완화하는 거래방법을 선택할 수 있으며, 그것이 가장행위나 위법한 거래로 평가되지 않는 한 납세의무자의 권리로서 존중되어야 한다. 그럼에도 본질적으로 불확정개념인 실질과세의 원칙을 내세워 납세의무자가 선택한 거래형식을 함부로 부인하고 법 문언에 표현된 과세요건의 일반적 의미를 일탈하여 그 적용범위를 넓히게 되면 조세법률주의가 형해화되어 이를 통해 실현하고자 하는 법적 안정성과 예측가능성이 무너지게 된다.

〈대법원 2009.4.9. 선고 2007두26629 판결〉

설령 그러한 행위가 등록세 등의 중과를 회피하기 위한 것으로서 이를 규제할 필요가 있다 하더라도 그와 같은 행위의 효력을 부인하는 개별적이고 구체적인 법률 규정을 두고 있지 않은 조세법하에서 그 행위가 위 조항의 '법인의 설립'에 해당한다고 보아 등록세를 중과하는 것은 조세 법규를 합리적 이유 없이 확장 또는 유추해석하는 것으로서 허용될 수 없다.

국세기본법 제14조 제2항은 "세법 중 과세표준의 계산에 관한 규정은 소득, 수익, 재산, 행위 또는 거래의 명칭이나 형식과 관계없이 그 실질 내용에 따라 적용한다."라고 규정하고 있다. 이러한 실질과세의 원칙은 헌법상의 기본 이념인 평등의 원칙을 조세법률관계에 구현하기 위한 실천적 원리로서, 조세의 부담을 회피할 목적으로 과세요건사실에 관하여 실질과 괴리되는 비합리적인 형식이나 외관을 취하는 경우에 그 형식이나 외관에 불구하고 실질에 따라 담세력이 있는 곳에 과세함으로써 부당한 조세회피행위를 규제하고 과세의 형평을 제고하여 조세정의를 실현하고자 하는 데 주된 목적이 있다(대법원 2012. 1. 19. 선고 2008두8499 전원합의체 판결 등 참조). 다만 납세의무자는 경제활동을 할 때 동일한 경제적 목적을 달성하기 위하여 여러 가지의 법률관계 중 하나를 선택할 수 있고, 과세관청으로서는 특별한 사정이 없는 한 당사자들이 선택한 법률관계를 존중하여야 한다(대법원 2001. 8. 21. 선고 2000두963 판결 등 참조).

하지만 이들 판례가 과세 문제에 있어서는 다른 견해를 보인다고 하더라도 이러한 판결 역시 제3항을 과세 규정으로 보고 있다는 점에서는 차이가 없다. 제3항을 과세 규정으로 보지만 해석을 달리할 뿐이다. 이처럼 법원은 조세법에 대한 초보적 이해, 국세기본법에 대한 근본 이해가 완전히 틀어져 있고 잘못의 뿌리는 깊고 심각해 보인다. 제3항 법문 중 '이 법 또는 세법의 혜택을 부당하게 받은 것으로 인정되는 경우'라는 법문은 표현의 추상성 때문에 원천적으로 사실 요건을 구성할 수 없거나 사실 요건의 영역이 너무 광대하므로 누가 봐도 법률로서 규범력을 가질 수 없다. 국세기본법이 이러한 추상적 내용을 법문으로 사용한 것은 각 세법이 두고 있는 실질과세 규정을 포괄하기 위한 선택이었으며 설사 국세기본법을 세법이라고 가정하더라도 합리적 소양을 갖추었다면 이러한 문장을 과세 규정으로 보는 견해에 누구든 의문을 가졌을 법한데 제3항이 과세 규정이라는 견해에 대해 아무도 이의를 제기하지 않은 것이다. 판례에 대한 무조건적 신뢰와 복종을 미덕으로 삼는 조직의 비극이다.

국세기본법은 세법이 아니며, 과세처분에 직접적으로 적용되는 규정이 아니라는 사실은 국세기본법이 명문 규정(제2조)으로 두고 있다. 국세기본법이 세법이 아니면 국세기본법 제14조 제3항이 과세 근거 법령이 될 수 없다는 사실은 자명해진다. 사실이 이러함에도 판례가 국세기본법 제14조를 실질과세 근거 규정이라는 이해를 전제로 판결하였으므로 이는 규정의 법률적 본래 기능을 변경하는 해석으로써 법원에 부여된 권한을 넘어선 해석이라고 볼 수 있다. 헌법은 입법권(제40조), 법관의 독립(제103조), 헌법재판소의 권한(제111조) 등 권한의 분립과 한계를 분명하게 구분하고 있기 때문이다.

또 이러한 판례들은 자신들은 단순히 국세기본법 한 조항을 해석한다는 의도만 가졌을 뿐이며, 자신들의 해석이 세법 체계를 근본적으로 뒤집는 해석이 된다는 사실을 예상하지 못했을 수 있다. 법령의 해석권은 부분과 요소에 관련된 권한이지 법률 체계를 부정하거나 변경하는 입법권에까지 이르는 것이 아니라는 사실을 법원이 모를 리가 없다. 그렇다면 국세기본법 제14조와 관련된 대법원 해석은 과세와 관련한 입장이 어느 편에 있든지 간에 성문법 규정에 반하는 해석으로서 효력이 없는 해석으로 보아야 할 것이다.

제8장

실질과세와 조세법률주의

제8장

실질과세와 조세법률주의

---

1 실질과세는 조세법률주의를 유보하는가

그동안 조세법 관련 논쟁에서 생긴 변화 가운데 가장 두드러진 변화가 조세법률주의에 대한 인식의 변화다. 어느 때부터인가 조세법률주의는 진부한 이야기로 치부되고 있었다. 이러한 조짐은 실질과세에 대한 대법원 판례가 형성되면서 시작되어 점차 확산 공고화되었다. 실질과세와 관련된 판결에서 대법원은 갈수록 조세법률주의를 실질과세의 하위 개념으로 정립해 갔기 때문이다. 그 단초가 바로 대법원 2012.1.19. 선고 2008두8499 판례다. 이 판례는 경제적 실질을 중요한 개념으로 언급하고 있는데 법률에 근거한 실질과세는 불완전한 실질이며 경제적 실질을 세법이 추구하는 본질적 실질이라는 이해를 바탕으로 결정을 내리고 있다.

이러한 견해는 점차 고도화하는 경제행위에 비해 세법은 갈수록 진부화됨으로써 양자 간의 비대칭성이 갈수록 심화하고 있다는 논리를 발전시켜 나간다.

그런데 경제적 실질은 국세기본법 제14조 제3항이 신설되면서 법원이 처음 알게 된 개념이다. 그리고 세법에 대한 독자적 이해력이 없는 법원으로서는 경제적 실질을 문자적으로 이해하는 방법 혹은 경제학적 지식이나 기존 판례에서 개념을 유추해 내는 방법 외에는 다른 이해 수단을 갖고 있지 못했다. 법원은 국세기본법 제14조 제3항이 언급하는 경제적 실질이 상증세법에서 유래된 개념이며 증여세와 상속세에 대한 완전포괄주의 과세를 위한 이론이었다는 사실도 몰랐다.

법원은 국세기본법 제14조 제3항이 신설되기 전에도 국세기본법을 근거로 실질과세가 적용되는 줄로 이해하고 있었다. 이런 사실은 제3항이 있기 전 생산된 판례에서 쉽게 확인된다. 법원은 이제껏 국세기본법과 세법을 구분하지 못하고 있다. 이러한 기초 인식의 오류는 실질과세 제도 전반에 대한 오해와 반복적인 판결상의 오류로 이어지고 있다. 이런 상황에서 제3항이 신설되면서 법원은 과세권자가 이 조항의 개정 취지를 다음과 같이 전달하자 오해는 더 깊어졌을 것이다.

〈개정세법 해설 2008〉

다양한 조세회피거래에 대한 과세근거 명확화 국제거래를 이용한 공격적 조세회피(ATP), 신종 변칙상속증여, 파생금융상품·혼성회사(Hybrid Entity) 활용 등 최근 조세회피 행위가 점차 고도화·복잡화 국제조세조정에 관한 법률에 있는 조세회피 방지규정을 국세기본법에도 규정함으로써 국제거래뿐만 아니라 국내거래까지 적용됨을 명확히 하여 과세 투명성 제고(확인적 규정)

종 전	개 정
□ **실질과세원칙** ① 소득·수익·재산·행위 또는 거래의 귀속이 사실상 귀속되는자가 납세의무자 ② 소득·수익·재산·행위 또는 거래의 명칭이나 형식에 불구하고 그 실질 내용에 따라 적용	□ **실질과세원칙 보완** ①·② (현행과 같음) ③ 제3자를 통한 간접적인 방법이나 2 이상의 행위 또는 거래를 거치는 방법으로 세법의 혜택을 부당하게 받기 위한 것으로 인정되는 경우 그 경제적 실질내용에 따라 당사자가 직접 거래를 한 것으로 보거나 연속된 하나의 행위 또는 거래를 한 것으로 보아 세법 적용

ATP는 다국적기업들이 저세율 국가를 찾아다니면서 합법적으로 저 세금을 내는 전략을 말한다. 대표적 ATP 사례가 '구글'이다. 그런데 ATP는 실질과세 규정하고 큰 관련이 없다. 우리나라 조세법은 실제적 사실에 대한 실질과세 외에는 원칙적으로 특수관계자 거래에 한정하여 실질과세를 적용한다. ATP는 특수관계자 거래를 이용하는 조세회피가 아니다. ATP에 대한 규제는 새로운 과세 법령을 신설하는 것으로 대처해야 하는 사안이다. 국제조세법이 2024년부터 새롭게 시행하는 글로벌최저한세가 바로 ATP 대응 법령이다. 글로벌최저한세는 사실상 의제 조항임에도 적용 대상을 특수관계자 거래에 제한하지 않는다.

그렇지 않아도 국세기본법을 세법으로 알고 있는 법원은 제3항의 신설로 더 큰 자극을 받았을 것으로 보이며 이러한 상황에서 나온 판결이 대법원 2012.1.19. 선고 2008두8499 판례다. 이 판결은 경제적 실질이 진정한 실질이며, 경제적 실질주의는 공평과세를 실현하는 불가결한 수단이므로 비록 조세법률주의를 유보하는 하자가 있더라도 이를 상쇄하는 공익적 가치가 더 크다는 경제적 실질론에 경도된 이해를 바탕으로 하고 있다.

이러한 대법원의 입장이 확인되자 몇몇 연구자들이 이러한 견해에 영합하기 시작했다. 이들은 자신들 연구의 성과와 영향력을 의식해 과장과 과잉을 드러내는 경향이 있는데 이들 역시 비전공자로서 세법을 읽고 이해할 수 있는 자력이 없으므로 세법은 제쳐두고 경제학 또는 법학 지식이나 기존 판례에서 개념을 유추해 내는 방식으로 실질 개념을 찾아 나선다. 세법이 규정하는 개념을 세법 밖에서 찾겠다는 건 도대체 무슨 방법론인지 모르겠다. 그리고 급기야 세법에 없는 실질과세, 세법과 다른 자신들만의 실질과세 개념을 만들어 내기에 이른다.

이들 주장에 따르면 조세법률주의는 형식적 조세법률주의와 실질적 조세법률주의가 있다는 것이다. 또 실질과세는 조세법률주의 사각을 보완하는 기능을 한다고 주장한다. 그리고 실질과세를 법적 실질과 경제적 실질로 구분하면서 법적 실질은 개념적으로만 존재하는 실체가 없는 실질이고 경제적 실질이 진정한 실질이라는 주장을 편다.[61]

이 같은 경제적 실질론에 동조하여 경제적 실질을 앞세우며 제3항을 근거 법령으로 세금을 부과한 대표적 사례가 주식 증여 후 소각 거래에 대한 과세다. 과세권자는 경제적 실질에 따라 납세자가 선택한 거래를 부인하고 거래를 재구성한다고 해서 처분하였다. 그런데 재구성에 의한 과세 내용을 살펴보면 경제적 실질론의 실상을 확인할 수 있다.

〈사례〉

회사 대표이사가 보유 주식을 배우자에게 증여하고 소각한 거래에 대하여 과세권자가 주식 증여인에게 배당소득세를 부과하였으며, 이와 관련한 사실 내용은 다음과 같다.

거래의 내용
- 2018.7.10.: 주식 증여 1,008백만원(3,000주 @336,000원)
- 2018.8.30.: 주식 소각 1,008백만원, 증여세 66백만원 납부, 942백만원 현금귀속

처분의 내용
- 2023.9.30.: 주식 증여인에게 의제배당소득세 346백만원(가산세 포함 416백만원) 고지

---

61 이상 「조세법에 있어서 조세법률주의와 실질과세, 그 의미와 한계. 오문성·김경하. 2019년 11월 15일. 한국법제연구원」 참조.

이상의 사례에서 과세권자는 국세기본법 제14조 제3항을 근거로 '거래를 재구성'하여 주식의 증여자가 주식을 소각한 다음 주식 1,008백만 원을 증여한 것으로 보아 처분하였다. 그렇다면 주식 증여자는 주식을 소각해서 주식을 증여한 것이 된다. 현실에서는 있을 수 없는 재구성이다.

어차피 재구성은 아무런 규범이 없으므로 이와는 달리 재구성할 수도 있다.

주식 증여자가 주식을 소각한 것으로 본다면 증여 물건은 주식이 아니라 현금으로 보는 것이다. 먼저 주식을 소각하였다면 소득세 346백만 원(자진 신고 기준, 지방소득세 포함)이 발생한다. 소득세는 소각 대금에서 납부하였을 것이므로 증여 가액은 1,008백만 원이 아니라 662백만 원(1,008−346)이 될 수 있다. 증여재산 가액이 662백만 원이면 배우자 증여재산 공제 6억 원이 적용되므로 증여세액은 6.2백만 원이며 납부한 증여세 66백만 원 중 59.8백만 원은 환급해 줄 수도 있다.

또 다른 재구성은 주식소각 당사자가 수증인이므로 소각 당사자를 변경하지 아니하고 다만 주식 취득 가액을 증여 가액이 아닌 증여자의 취득가액으로 보아 재구성할 수도 있다. 그런데 이 방식을 택하면 납세자를 주식 증여인으로 변경하지는 않아도 되지만 주식을 증여받고 증여세(66백만원)가 아닌 소득세(346백만 원)를 부담하는 결과가 발생한다.

실질에 따라 거래를 재구성하다 보면 실질의 기준을 무엇으로 삼을지도 문제가 된다. 증여시 거래 당사자가 부담한 세액은 66백만 원(증여세)이고 회피한 세금이 346백만 원(소득세)이라고 한다면 조세회피 세액은 280백만 원(346−66)이다. 그렇다면 280백만 원이 경제적 실질이므로 280백만 원을 과세표준으로 하여 과세한다면 소득세 약 95백만 원(지방세 포함)이 산출된다. 하지만 과세권자는 소각 가액 1,008백만 원을 과세표준으로 하여 배당소득세 346백만 원을 과세하였다.

조세회피로 인한 경제적 이익(과소 납부세액)을 과세 대상으로 삼을 수 있는 소득인지도 따져봐야 한다. 그리고 경제적 실질을 과세의 절대 기준으로 삼는다면 순전히 법리적 관점에서는 1세대1주택 비과세 적용에 의한 세 이익이나 8년 자경 농지 감면 세액도 과세 대상이 될 수 있다. 경제적 실질의 관점에서는 비과세 또는 감면 세액이라고 해서 조세회피 세액과 본질을 다르게 볼 이유가 없기 때문이다.

이처럼 경제적 실질을 명분으로 쟁점 거래를 재구성하는 경우 '증여 후 소각'으로 볼 것인지 '소각 후 증여'로 볼 것인지 또는 어떤 다른 관점으로 볼 것인지에 따라 경제적 실질의 양상이 달라질 수 있고, 실질의 기준을 어디에 맞출 것인지에 따라 경제의 내용이 달라질 수 있으나 경제적 실질에 따른 과세를 주장하는 이들과 몇몇 판례는 이런 불확정성에 대해서는 아무런 고려가 없다. 따라서 겉으로는 경제적 실질에 따른 공평과세를 이념으로 내세우지만 사실상 자의적으로 거래를 가정하여 과세하는 것에 불과하며 실질과세가 아니라 가상과세, 공평과세가 아니라 재량이 어떻게 적용되느냐에 따라 이런 경우 저런 경우가 있을 수 있는 불공평 과세를 정당화할 뿐이다.

사례에서 드러나는 것처럼 경제적 실질이란 그 본질이 불확정개념이다. 불확정개념은 예측 불가능하다는 결함을 가지므로 예측 가능성을 중요한 가치로 여기는 법률에는 부적합한 개념이다. 그래서 상증세법 국제조세법이 제3항의 법문을 세법의 실질과세 원칙으로 두고 있을 때도 원칙조항은 세법을 적용하는 원리와 기준을 밝히는 의미로만 규정할 뿐 과세 근거 법령으로 사용하지 않았다. 그리고 만약 국가가 불확정개념에 근거하여 불확정 상태에 놓여 있는 물건을 과세 대상으로 삼는다면 징수 후 환급 요인이 발생하는 불안정이 상존하게 된다. 조세가 확정되지 아니한 채 환급이라는 잠재적 국가부채를 점진적으로 누적한다면 조세의 목적인 국가 재정은 위태로울 수밖에 없다.

법원은 지금까지 일관되게 실질과세는 국세기본법을 근거로 과세한다고 해석해 왔다. 국세기본법의 실질과세 원칙은 불확정개념을 포함하고 있으므로 불가피하게 조세법률주의와 관계 설정의 문제를 남기게 되고 조세법률주의와의 공존 혹은 예외의 의미를 부여하면서 실질과세가 조세법률주의 제한을 벗어나더라도 공익적 가치가 더 클수 있다는 난해한 태도를 견지하고 있었다. 하지만 절묘한 수사들의 특별한 호위 속에 공존해 온 실질과세와 조세법률주의는 쉽게 믿기지 않을지도 모르지만 모두 세법에 대한 초보적인 인식의 오류에서 빚어진 난센스에 지나지 않는 일이다. 법원은 경제적 실질이 본질적 실질이며 법적 실질은 불완전한 예외적 실질이라고 굳게 믿었으나 실상은 그 반대다. 그 근거를 세법이 가지고 있고 이 책이 사실을 규명해서 밝히고 있다. 세법은 제정 이후 지금까지 한치 미동도 없이 법적 실질과세를 공고하게 지속해 왔다. 세법의 경제적 실질은 상증세법에서 운용하는 실질 규정이며 그 본질이 법적 실질이다.

그리고 세법이 말하는 조세회피란 개념적 사실을 지칭하는 말이 아니라 법적 사실을 말하는 것이다. 법적 사실이란 법이 규정하는 사실이다. 법적 사실의 관점에서는 세법이 규정하지 않은 조세회피가 따로 존재할 수 없다. 즉 법이 특정 거래에 대해 과세 규정을 둔다는 것은 법이 열거하는 행위 또는 거래를 조세회피로 보기 때문이며, 세법이 과세 규정으로 열거하지 않는다는 것은 조세회피로 보지 않아서 그런 것이다.

또한 조세는 국가에 의하여 행사되는 국가 채권으로서 채권자의 권리를 행사하기 위해서는 반드시 채권이 존재한다는 사실을 입증하여야 할 책임이 있다. 국가 채권은 법률요건과 사실 요건이 충족되어야 성립하는데 사실 요건은 그 자체로는 과세요건을 구성하지 못하며 법률이 규정하는 사실일 때 사실 요건이 되고 법률효과가 발휘되는 것이다. 법률요건이 바로 조세법률주의다.

지금까지 법원은 실질과세는 조세법률주의의 예외로 인정해 왔는데 사실은 법률효과 없는 위법한 처분을 실질과세라는 명분을 삼아 눈감아 준 것에 불과하다. 또한 판례는 실질과세와 상속세 및 증여세 완전포괄주의 과세를 별개의 과세로 취급하고 있다. 완전포괄주의 과세에 대해서는 과세 근거 법령이 없이는 처분할 수 없다고 판결하면서 과세 근거 법령이 없는 실질과세는 정당한 과세라고 두둔해 주고 있다. 판례는 완전포괄주의와 실질과세가 법리적으로 동일한 과세 이론이라는 사실을 까맣게 모르는 것이다. 법원이 실질과세라고 하면 인정하고 완전포괄주의라고 하면 위법이라고 하니까 과세권자가 목전의 행정 목적을 손쉽게 달성하기 위해 판결 시스템의 허점을 이용하는 교묘한 처분으로 법치를 유린하고 국민의 재산권을 부당하게 침해하는 일이 끊임없이 반복된다.

그럼에도 법원은 세법을 평면적 단편적 시각으로 바라보는 문자주의 해석 외에는 아무것도 하지 못하고 있다. 세법의 고유 법리는 재판만 가면 영락없는 고아 신세, 천덕꾸러기가 되고 만다. 법원은 세법을 우습게 여기고 세법 몰라도 재판은 별문제 없다는 타성에서 하루빨리 벗어나야 한다. 그래야 조세법이 법치의 무풍지대에서 벗어날 수 있다. 그렇다고 당장 사법 시스템을 바꾸기도 어렵다. 유일한 대안은 의견수렴 창구를 대폭 개방하는 일이다. 지금까지 대법원은 국세청만 상대해 왔다.[62] 국세청도 자기들 이해가 있고 편향된 답변을 할 수밖에 없는데 이런 뻔한 방식을 고수하는 이유는 세무사회 변호사회로부터 의견을 청취하는 건 자신들 권위를 훼손하는 일이라고 생각해서 그러는 것 같다. 잘못된 판결은 권위뿐만 아니라 신뢰마저 잃게 만든다.

② 조세 소송에서의 성문법주의와 자유심증주의

앞서 이 책은 실질과세 적용과 관련하여 대법원 판례와 서울고등법원의 판례 그리고 창원지방법원의 판례가 일정한 연관성을 띠고 상응하는 영향을 미치고 있다는 사실을 제시했다. 연관성의 근원은 대법원 판례로 보이며, 서울고등법원은 이를 확대·재생산하는 역할을 담당했다. 창원지방법원은 제3항을 거래의 재구성으로 보아 주식 증여 후 소각 거래에 적용 원고 패소 판결을 했다.

창원지방법원 사건 그리고 서울고등법원 사건의 공통점은 원고 변호인들은 과세권자의 처분이 조세법률주의를 위반했다는 사실을 적극적으로 주장 했다는 사실이다. 과세 근거 법령이 없는 처분은 부당하다는 사실을 주장해도 법원은 이를 귀담아듣지 않았다. 판례 때문이다. 원고는 세법 법령을 근거로 변론하는데 법원은 세법은 제쳐두고 판례만 보고 판단하는 상황이 된 것이다. 만약 창원지방법원과

---

62 국세청 직원의 대법원 파견 제도가 조세 재판에 여러 가지 부정적 영향을 미치고 있다는 지적이 많다.

서울고등법원이 세법을 제대로 알았다면 판결은 달라졌을 수 있다. 그리고 두 법원은 모두 원고 패소 판결을 하고 이 두 재판은 더 이상 계속되지 않고 종결되었다.

그렇지만 두 사건을 담당한 재판관이 위법한 재판을 한 것은 아니다. 재판은 재판의 룰이 있고 세법은 세법의 룰이 있는 것이며 각자 자신의 룰을 어기지만 않는다면 아무도 탓할 수가 없다. 그렇다고 이 재판이 옳은 재판이냐고 물으면 그렇지는 않다. 법원이 세법을 모르니까 멀쩡히 살아 있는 성문법이 무용지물이 되고 말았다. 국민과 납세자는 법을 신뢰하고 판단하고 행동하는데 법원이 세법을 모르니 그 신뢰가 무너진 것이다. 법에 대한 신뢰가 무너지면 그 사회는 지속 가능한 사회가 될 수 없다.

민사재판 형사재판은 민법 형법을 알아야 하지만 조세 재판은 세법을 몰라도 되고 그런 것은 아니다. 법원이 세법과 세법의 고유 법리는 제쳐두고 실제 상황에 둔감한 판례만 쳐다보는 재판을 계속 해서는 곤란하다. 조세 소송은 그 본질이 법률요건과 사실 요건의 충족 여부에 따른 조세채권의 존부를 다투는 것이며 재산권 침해를 다투는 사건이므로 중요성이 형사사건 민사사건 못지않다. 민사재판 형사재판에서 다루는 증거가 조세 재판에서는 세법이다. 현행 사법 시스템은 조세 소송 재판에서 증거의 가치를 합리적 합법적으로 판단할 수 있는 충분한 역량을 갖추었다고 보기 어렵다. 그러다 보니 성문법주의 국가에서 성문법이 판례에 밀려 뒷전으로 쫓겨나는 기막힌 상황이 벌어진다. 법을 신뢰한 사람이 느닷없이 조세회피자, 실없는 사람이 되고 재산권을 부당하게 침해당하고도 아무에게도 위로받거나 보상받지 못하는 억울한 세상이 되는 것이다.

후기

　조세회피란 조세 법률 규정을 회피하는 행동 전략을 말한다. 그러므로 조세법률이 없다면 조세회피도 없는 것이다. 조세회피가 없다면 실질과세를 할 이유가 없다. 실질과세는 조세법률주의에서 파생된 과세 원리다.

　조세법률주의와 실질과세의 필연적 인과관계를 부정한다면 세법을 모르는 것이다. 문자주의 창으로 세법을 바라보는 것은 한 번도 보지 못한 코끼리를 상상하는 것과 같다. 조세법은 역사적 실증과목이다.

　실질이란 곧 세법을 말한다. 소득금액 추계 결정 규정을 포함하는 실질과세와 관련된 여러 세법 규정이 바로 실질이다. 그러므로 세법이 말하는 실질은 객관이 아니라 주관이다. 이것이 조세법 실질의 본성이다. 문자주의자들 주장대로 실질을 객관이라고 본다면, 반 실질과세 규정인 소득세법과 법인세법의 추계 결정 규정은 과세에 적용할 수 없는 규정이 된다. 추계 규정은 임의로 정해진 소득률에 의한 주관적 과세이기 때문이다. 그리고 실질이 객관이라면 사업자는 아무도 장부를 기록하지 않을 것이다. 기장을 하지 않으면 과세권자는 원천적으로 객관을 확인할 수 없게 되는 데다가 추계 결정을 할 수도 없으므로 사업자는 세금을 내지 않아도 되기 때문이다. 그러므로 실질과세는 법률에 근거하는 제한적인 과세 방식을 취할 수밖에 없다. 법률에 과세 규정이 있으면 과세, 과세에 적용할 규정이 없다면 과세하지 않는 조세법률주의를 따르는 실질과세 방식이다. 조세법률주의는 국가가 자비심을 발휘한 국민에 대한 호의적 과세 원리가 아니다. 국가 재정을 확보하기 위한 필요불가결한 조건으로 선택된 것이다. 사실이 이러함에도 실질과세를 법률 규정을 벗어나 뭐든 과세권자가 마음먹은 대로 아무 제약 없이 과세할 수 있는 묘법이라고 주장한다면 그건 판타지거나 세법 백치거나 조세법 근본 원리와 현행 성문법 규정을 부정하는 행위이므로 불한당이나 할 소리다.

이 책은 세법을 근거로 이러한 사실을 논증하고 근거를 제시했다. 아마도 그래서 문자주의자들에게 이 책은 달갑지 않은 책이 될 것으로 생각한다.

세법의 눈으로 세법을 바라보면 실질과세는 지극히 상식적이고 일상적인 원리다. 매일 매일 기장 사무실에서 기업회계기준에 따라 장부를 작성하는 일상, 그게 바로 실질과세를 실행하는 일이다. 그렇지만 모두가 실질과세를 유난스럽고 야단스러운 일로 느끼며 사는 이유는 실질과세가 제자리를 잃어서 그렇다.

법에 없는 과세를 해도 법원은 옳다고 하고 왜 그러냐고 물으면 실질과세라서 그렇다고 하니까 실질과세가 어렵고 복잡하고 불편하게 느껴지는 것이다. 그리고 이런 답답한 상황이 지금까지 전혀 개선되지 않았다. 책임은 모두에게 있다.

소위 조세 전문가로 자처하는 세무사가 실질과세를 모른다. 해마다 수백 종 세법 책이 쏟아져 나와도 실질과세론 이라는 이름을 단 책은 이제까지 없었다. 상황이 이런데 누가 실질과세를 제대로 알 수 있겠는가. 다들 자기 잇속에 따라 서로 다른 제각각의 실질과세가 중구난방 섞여 뒤죽박죽 난장으로 얽혀 있었다.

실질과세는 사실대로 신고하고 세금을 내는 것을 말한다. 사실은 실제적 사실, 법적 사실 이 둘로 나뉜다. 사실에 대해 실질을 적용하는 걸 실질과세라고 한다. 실제적 사실에 실질을 적용하면 실제적 실질, 법적 사실에 실질을 적용하면 법적 실질이 된다. 법적 실질은 다시 경제적 실질이라는 유형을 파생해 냈다. 이 사실을 지금까지 모르고 있다.

사실에 적용하는 실질이란 곧 세법을 말한다. 세법이 규정하지 아니하는 실질이 따로 존재하지 않는다. 세법이 실질이라고 규정함으로써 실질이 되는 것이다. 이를 부정한다면 국가는 사업자에게는 단 한 푼의 세금도 징수할 수 없게 될 것이다.

조세란 국가에 의하여 행사되는 조세채권을 말한다. 채권자는 채권을 행사하기 위해서 반드시 채권의 존재 사실을 입증할 의무가 있다. 조세채권의 입증 방법 역시 일반채권과 다를 바가 없으므로 법률요건과 사실요건이 충족되어야 한다. 법률요건은 조세법률주의를 말하며 사실요건은 법률이 규정하는 사실을 말한다.

이상의 「사실론」과 「실질론」 그리고 「채권론」 이 세 가지가 이 책이 생각하는 실질과세 이론의 초석이다. 이 책을 계기로 앞으로 이 분야에 관한 심도 있는 연구가 있기를 기대한다.

세법에 관한 그릇된 이해 가운데 하나가 현행 법령 중심 사고다. 폐지된 법률 개정된 구법은 더 이상 아무런 기능을 하지 못하는 무가치한 폐기물로 생각하는 경향이 있는데 그렇지 않다. 옛 법령은 현행 법령에 대해 의미와 해석의 빛을 비춰주는 등불이 될 수 있다. 구법은 비록 사라졌지만 마치 네안데르탈인처럼 자신의 고유한 유전자를 후세에 남긴다. 그러므로 세법에 대한 연대기적 접근은 세법 연구에서 중요한 방법론이라고 할 수 있다. 세법은 분명한 시대별 지층을 가지고 있으므로 조세법의 구조와 개념과 체계가 형성되어 온 과정을 추적하는 연구는 세법 이해에 풍부하고 다양한 영감과 경험을 제공해 줄 것이라고 확신한다.

이 책의 서술은 목전의 필요성에 이끌려 시작되었다. 그렇다 보니 학술적 양식이 턱없이 부족하다. 그리고 이 책을 저술하는 데 참고를 삼은 도서가 없었다. 이런 이유로 이 책 곳곳에 안목과 인식의 한계와 오류가 적지 않을 것이다. 아무쪼록 독자 여러분의 관용을 기대한다.

저자 약력

박문수
- 1989년 공채 세무공무원 임용
- 일선 세무서, 본청, 서울청 조사국 등 국세청 22년 근무
- 제46회 세무사자격시험 합격
- (현) 강남구 역삼동 세나루택스 대표

한지희
- 제47회 세무사 자격시험 합격
- (현) 세나루택스 한지희세무사 대표
- (전) 한일세무법인 근무
- (전) 서울지방세무사회 감리위원회 위원

실질과세론

초판발행	2024년 11월 29일
지은이	박문수·한지희
펴낸이	안종만·안상준
편 집	이수연
기획/마케팅	정성혁
표지디자인	BEN STORY
제 작	고철민·김원표
펴낸곳	(주) **박영사**
	서울특별시 금천구 가산디지털2로 53, 210호(가산동, 한라시그마밸리)
	등록 1959.3.11. 제300-1959-1호(倫)
전 화	02)733-6771
f a x	02)736-4818
e-mail	pys@pybook.co.kr
homepage	www.pybook.co.kr
ISBN	979-11-303-4849-0 93360

정 가	20,000원